日本の花を愛おしむ

令和の四季の楽しみ方

田中 修 著
朝生ゆりこ 絵

中央公論新社

はじめに

日本には、春、夏、秋、冬という四季があります。私たちの身近で、多くの植物たちが、その姿で季節の訪れを告げ、それぞれの季節を感じる花々を咲かせてくれます。ですから、私たちは、四季の移ろいを、植物たちの姿や花々で感じられます。

私たちは、植物たちから季節を感じるだけでなく、暑さや寒さに負けず、生き生きとした植物たちの姿に、励まされ、勇気づけられます。花々の個性的な魅力に感動し、やさしい色や香りに、心癒されることもあります。

また、そのような植物たちの姿や花々は、私たちに、いろいろな不思議な現象を気づかせてくれます。それを機会に、私たちは、そのしくみを知り、植物たちが生きるために凝らす知恵や工夫に思いをめぐらし、その巧みさに感嘆させられます。

それだけでなく、植物たちは、私たちにとって、大切な食べものでもあります。植物たちの緑の葉っぱや、肥大した根、おいしい果実などは、私たちの味覚を満足させ、健康に貢献してくれます。

しかし、植物たちと私たちとのかかわりは、それらにとどまるものではありません。植物たちには、私たちとともに歩んできた長い歴史があります。遠い昔から、私たちは、植物たちの姿や花々を愛《め》で、歌に詠み、絵画に描いてきました。

その歴史の中から生まれた、私たちと植物たちとの伝説めいたドラマには、知るだけで、笑みが浮かぶものがあります。語られる言い伝えには、心に響くものもあり、また、心が和《なご》まされるものもあります。

本書では、植物たちの姿と花々と、古くからの私たちとのかかわりなどを紹介しています。それらを知り、思いおこすことは、私たちが心に抱く植物の世界を広げ、これからも植物たちと共に暮らし、共に栄える糧になってくれるはずです。

長い間、私たちに愛でられてきた花にゆかりの元号として、「令和」という新しい時代を迎えました。その節目の年に、そのような思いを込めた書が準備され出版されることを、植物たちは喜んでいると思います。多くの方々が本書を楽しくお読みくださることを、私は切に願っています。

最後に、本書にふさわしい多くの美しいイラストを添えてくださった朝生ゆりこさんに深く感謝いたします。また、本書の企画から基本情報の収集、構成などを丁寧にお世話くださり、出版に至らせてくださった田中智絵さんに心からの謝意を表します。

田中　修

目次

第三章　春を演出する樹木たち

第四章　春を演出する草花たち

第五章　初夏に花咲く植物たち

第六章　夏の暑さの中で花咲く樹木たち

第七章　夏の暑さの中で花咲く草花たち

装丁・本文組　平林亜紀（マイクロフィッシュ）

第一章

新春を祝う植物たち

マツ

松

松かさ
（松ぼっくり）

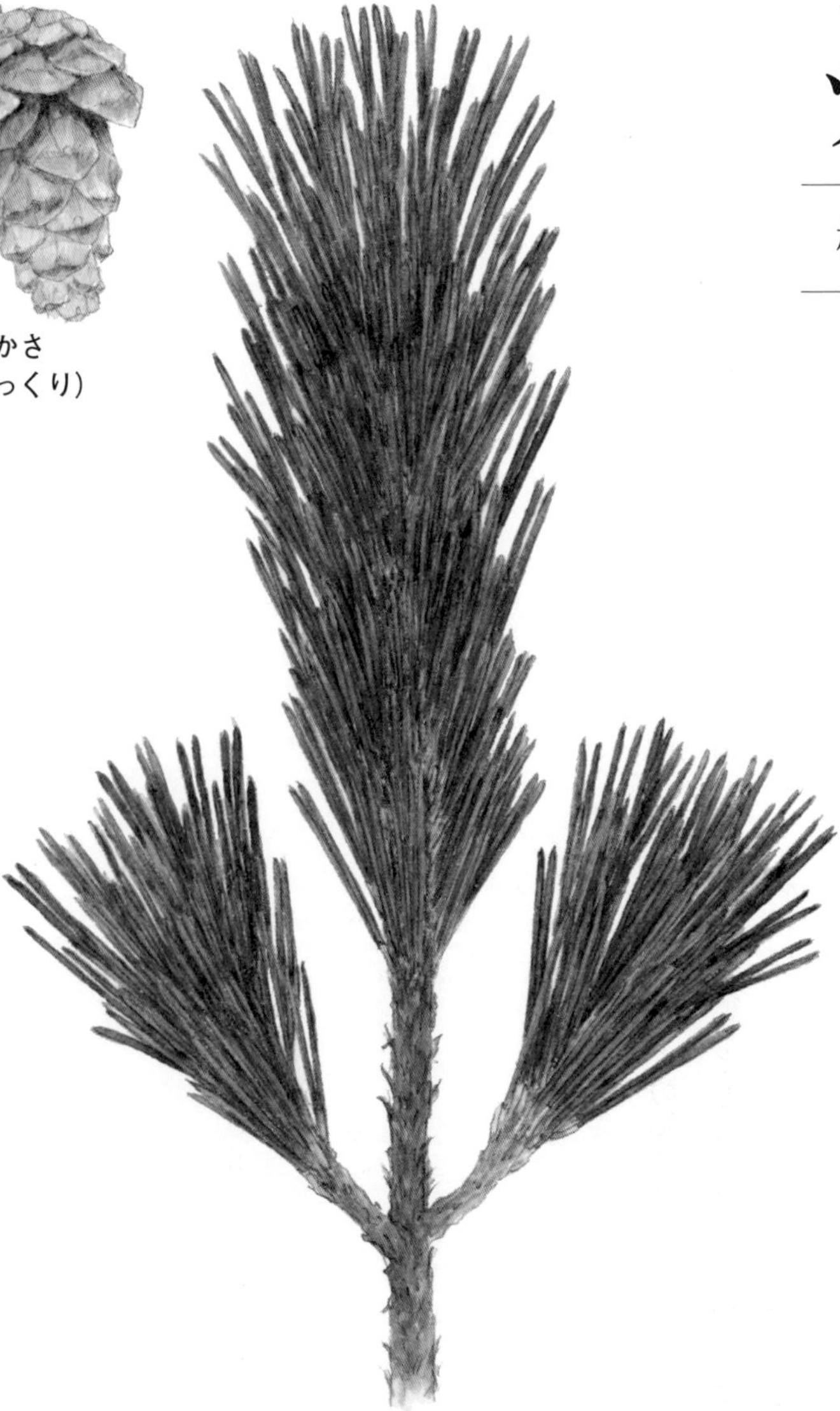

［科名］ マツ科 **［別名］** チヨギ（千代木）、ゴタイフ（五大夫）、ジュウハッコウ（十八公）**［原産地］** 日本、中国 **［都道府県の木・花］** 北海道（エゾマツ）、岩手県（ナンブアカマツ）、群馬県（クロマツ）、福井県（マツ）、島根県（クロマツ）、岡山県（アカマツ）、山口県（アカマツ）、愛媛県（マツ）、沖縄県（リュウキュウマツ）**［花言葉］** 不老長寿、同情、哀れみ

*「厳寒の三友」として生き抜く！

昔の人々は、冬の寒さに出会っても枯れずに緑のままで輝き続けるこの樹木を、「永遠の命」の象徴としてあがめてきました。

マツとともに、冬の厳しい寒さの中で、風雪に耐えてがんばる三種類の植物が、「厳寒《げんかん》の三《さん》友《ゆう》」とよばれます。あるいは「歳寒《さいかん》の三友」といわれます。

三友のあとの二つは、屈することなくまっすぐにすくすく伸びるタケと、百花《ひゃっか》に先駆けて花を咲かせ、香りを漂わせ、春の訪れを告げるウメです。

これらの三つは、あわせて「松竹梅《しょうちくばい》」とよばれます。それぞれが個性を活かして、厳しい寒さと戦いながら生き抜いている姿が、人々の心に残っているのです。

三つの植物は、仲良くいっしょに生き抜いているのでしょうが、なぜか、料理のコースメニューなどでは、松、竹、梅の順にランクがついて使われています。

*マツに寄ってくるのはツルか？

「花合わせ」という遊びに用いる「花札」「花かるた」といわれるものでは、月ごとに、一二種類の植物が使われています。

マツは、一月の植物に選ばれています（42ページ参照）。「花合わせ」に選ばれているのですが、マツは、スギやヒノキ、イチョウなどと同じ裸《ら》子《し》植物の仲間であり、「愛《め》でる」に値するような美しい花を咲かせません。

しかし、この植物は、新年にふさわしい縁起のいい植物として、ツル（鶴）との取り合わせで一月に描かれています。実際には、ツルがマツに寄ってくることはありません。

マツに寄ってくるのは、コウノトリです。この鳥は、マツの木に巣をつくり、子どもを生んで育てるために寄ってきます。

だからといって、「マツとツルの取り合わせは、間違っている」と目くじらを立てる必要はありません。マツとツルは「縁起のよい植物と動物との取り合わせ」なのです。

＊「薄情だ」と言われて駆けつけたマツ

平安時代の文化人であり「学問の神様」とあがめられる菅原道真《すがわらのみちざね》は、彼の才能をねたんだ藤原時平《ふじわらのときひら》の陰謀により、無実の罪で失脚し、京の都から大宰府《だざいふ》へ左遷されました。

大宰府への途上で、現在の神戸市須磨区あたりの地で、板で囲って設けられた宿で、道真はもてなされました。それにちなんで、その後、この地には、「板宿《いたやど》」という名がついたといわれています。

京都にいたときの菅原道真は、マツ、ウメ、サクラの木を愛し、大切に育てていました。大宰府に行くことになり、サクラは枯れてしまい、ウメは大宰府へ飛びました。これが、「飛梅《とびうめ》」といわれるものです。

道真は、板宿で、「梅は飛び、桜は枯るる世の中に、何とて、松のつれなかるらむ」とマツの薄情さを嘆いたといわれます。

それを知ったマツは、京都から一晩でこの板宿に駆けつけ、その地に根をおろしたとされます。これが、「飛松《とびまつ》伝説」といわれるものです。

大宰府天満宮の御神木《ごしんぼく》である「大宰府の飛梅」と並んで、このマツは「板宿の飛松」と称されています。板宿八幡《いたやどはちまん》神社内には、この「飛松」の切り株を祀《まつ》った飛松天神社があります。

＊赤と黒が二枚で、白が五枚

マツの英語名は、「パイン」です。この語は、果実に当たる松かさ、あるいは、松ぼっくりと形が似ているところから、パイナップルの名前に冠《かん》せられています。この果物は、普通には、パイナップルとよばれますが、ほんとうはパインアップルなのです。

マツの仲間には、樹皮が赤っぽい茶色のアカマツ（赤松）と黒っぽいクロマツ（黒松）がよく知られています。

これらの原産地は、日本や中国であるため、英語では、アカマツは「ジャパニーズ・レッド・パイン」、クロマツは「ジャパニーズ・ブラック・パイン」といわれます。また、葉っぱが、二枚でセットになっているので、「ニヨウマツ（二葉松）」とよばれます。

それらに対し、五枚ずつ束になっているマツは「ゴヨウマツ（五葉松）」といわれます。このマツは、葉っぱが白く光るように見えるので、あるいは、材質が白いことから、英語名は「ジャパニーズ・ホワイト・パイン（日本の白松）」とよばれます。黒松、赤松に対し、白松があることになります。

京都市西京区にある善峯寺《よしみねでら》には、国の天然記念物に指定されているゴヨウマツがあります。その樹は、高さ二～三メートルですが、樹齢六〇〇年以上、長さが約四〇メートルであり、龍が遊ぶような姿で、「遊龍《ゆうりゅう》の松」と名づけられています。

＊なぜ、松かさは開いたり、閉じたりするのか？

マツの葉は、水や熱の発散を防ぐため、針のように細くなっています。葉っぱの形も変わっていますが、松かさも特徴的な姿です。

これは、ほぼ球形をしており、多くのうろこ（鱗）状の切片《せっぺん》から成り立っています。それらの一枚一枚は、うろこ状なので、「鱗片《りんぺん》」とよばれます。

この鱗片は、乾燥すると、外へ反《そ》り返る性質があります。松かさのまわりには、多くの鱗片があり、それぞれが外に反り返ると、松かさは、ずいぶん大きく見えます。

逆に、湿度が高くなったり、水につかったりすると、鱗片は水を吸って反り返りがなくなります。その結果、大きく鱗片を広げていた松かさが小さく縮むように丸くなります。

このしくみを知れば、ペットボトルの口より大きい松かさを、ペットボトルの中で開かせることができます。「どうやって、入れたのだろう」と不思議がられる工作物をつくることができます。作り方は簡単です。

水を吸って小さく縮んだ松かさをペットボトルの口から中に入れます。ペットボトルの中に、食品などに入っている乾燥剤の袋をあらかじめ入れておけば、松かさはペットボトルの中で容易に乾燥します。すると、松かさは、ペットボトルの口より大きく反り返ります。

松かさが、湿度や水分で開いたり閉じたりすることを知らない人には、不思議な工作物となります。

「鱗片は、乾燥すると外側へ反り返り、水を吸うと内側へ閉じてしまう」という性質は、一枚の鱗片の外側の素材が乾燥と水分に、内側より敏感に反応することに起因します。

外側は乾燥すると敏速に縮みやすいため、乾燥してくると、外側だけが縮み、内側が引っ張られるように外へ反り返るのです。

逆に、水を吸うと、外側の縮みは伸びて元に戻ります。その結果、内側も元に戻り、鱗片は閉じてしまうのです。

この運動は、マツがタネを遠くへ散布するのに役立ちます。鱗片の内側には、タネがあり、乾燥して鱗片が反り返ると、重なった鱗片の間にあったタネは飛び出せます。

乾燥したときに飛び出せば、タネは遠くへ飛び散ることができます。

＊「マツ」の語源は？

一九六五年、二宮ゆき子さんの「まつのき小唄」がヒットしました。「松の木ばかりがまつじゃない〜あなた待つのも、まつのうち」と、歌われていました。

この歌では、「松」と「待つ」は、音が同じだけで、語呂合わせをしているようですが、じつは、木の「松」は、「待つ」を意味するといわれます。「天から降りられる神様を〝待つ〟木」という説があるのです。

マツは、古くから、私たちとともに暮らしてきた植物ですから、生活の中で、格言や言い伝えとして生きています。

「松かさより、年かさ」といわれ、長年の経験が大切という意味に使われます。「松かさ」が語呂合わせに用いられているのです。

「松のことは松に習え　竹のことは竹に習え」と、江戸時代の俳人、松尾芭蕉《まつおばしょう》の言葉として、『三冊子《さんぞうし》』という書に残されています。

「俳諧や詩歌、絵画や茶道などの風雅の真髄は、対象と一体化することで生まれる」と説いたものです。現在では、「ものの本質を知るには、人に聞いたり調べたりするより、そのものに向き合えばよい」という意味にも使われます。

タケ

竹

タケの花

［**科名**］イネ科［**原産地**］東南アジア［**花言葉**］節度、節操のある

＊「四君子」でありながら、身近な存在でもある

タケは、まっすぐにすくすくと伸びる成長力と、厳しい寒さの中で緑を保つ生命力を身につけています。

そのため、この植物は、縁起のよいものとして、年の初めに、お正月飾りの門松として、マツとともに用いられます。

タケは、冬には、「松竹梅」の仲間とともに寒さに耐え、春には、「端午《たんご》の節句」で活躍します。これは五月五日の「菖蒲《しょうぶ》の節句」ですが、タケはのぼり棒として鯉のぼりを支え、お祝いの若竹煮《わかたけに》では、タケノコが調理されます。

七月七日の「七夕《しちせき》の節句」は「笹竹《ささたけ》の節句」ともいわれ、タケはササとともに、「七夕《たなばた》まつり」の主役を務めます。

芸術の秋には、この植物は、掛け軸や屏風《びょうぶ》などの画題となって目立ちます。高潔な美しさや気品と風格に満ちた様子を君子《くんし》にたとえられる「四君子《しくんし》」に、キク、ウメ、ランとともに選ばれており、その姿が描かれます。また、水墨では墨竹画として主題になります。

このように、この植物は、四季折々に欠かせぬ存在ですが、それだけではありません。タケは、生涯を通して、私たちの身近にいます。

子どものころから、身近な暮らしの素材として、竹とんぼ、竹馬、釣り竿など、遊びや趣味などに使われます。

大人になれば、生活の中で、お箸、ざる、火吹き竹、物干し竿、すだれ、うちわや扇子の骨、和傘の骨や柄、タケの皮などで、生活をともにします。楽器としても、尺八で使われます。

また、健康を朱色の「朱竹《しゅちく》」に託して、衣服にあしらわれたり、色紙画として飾られたり、絵画に描かれたりして、「家内安全」「子孫繁栄」

「健康長寿」などが願われます。

高齢になると、背中などの手が届かないところがかゆいとき、掻くのに使う「孫の手」のお世話になります。

*タケノコは、いつタケになるのか？

タケは、縄文時代から日本で生育しており、身近にある植物なので、多くの人にいろいろな疑問がもたれます。

よく抱かれる疑問の一つ目は、「いつ、タケノコはタケになるのか」です。タケノコは、タケの皮をかぶっています。成長するにつれて、皮がはがれていきます。全部の皮を脱ぎ終わったときに、「タケ」とよばれます。

二つ目の疑問は、「タケとササの違いは、何なのか」です。タケは、タケノコからタケになるときに、皮をすべて脱ぎ捨てます。それに対し、ササは、いつまでも皮をつけています。これが違いです。

三つ目の疑問は、「タケの花は、咲かないのか」です。タケは花を咲かせますが、六〇年、あるいは、一二〇年ごとといわれます。そのようにタケの花が咲くのはめずらしいので、何年ごとに咲くかは、正確にはわかっていません。

私たちが普通に食べるタケノコをつくるモウソウチク（孟宗竹）というタケでは、きちんとした記録が二例残っており、それによると、六七年ごとになっています。

ただ、だからといって、タケの花を見るときに、「もう一生見ることができない」とせつない気持ちになる必要はありません。タケは、日本に一〇〇種類以上あり、どこかで、どれかの種類がほぼ毎年咲いています。また、一部の地域だけで、数年間、咲き続けることもあります。

花の咲く時期は、梅雨の前後が多いですが、突然、冬に咲くこともあります。

＊なぜ、タケノコの成長は速いのか？

「朝に、小さい子どもがタケノコ掘りについて行き、地面に突き出たタケノコの先端に帽子をかぶせて、夕方まで遊んで帰ろうとしたら、タケノコが伸びていて、子どもが帽子に手が届かない」という話があります。これは、タケノコが一日に一メートル以上も伸びることを象徴するものです。

タケノコがこのように速く伸びる現象については、三つの理由が考えられます。

一つ目は、タケノコのときにいくつもできている節目《ふしめ》の間が、それぞれ少しずつ伸びるからです。タケノコでは、先端が地上に顔を出したときに、すでに多くの節《ふし》があります。一つの節の間の伸びが少しずつであっても、節目が多くあるので、合計すると伸びが大きくなるのです。

二つ目は、栄養が効率的に使われることです。多くの植物は、茎を太らせながら伸びます。ですから、栄養は、太くなるためにも、伸びるためにも必要なのですが、タケの太さは、タケノコのときにすでに決まっています。

タケの栄養は、肥大するのに使われることはなく、ただ上に伸びるためだけに使われます。しかも、伸びるタケの中は空洞ですから、背丈を伸ばすために栄養が効率的に使われます。

三つ目は、タケが伸びるための栄養は、自分でつくるのではなく、地下でつながっている親や先に生まれた兄弟のタケから送られてくるのです。「根でつながっている」と表現されることもありますが、竹林の土の中に張りめぐらされているのは、土の中を横に伸びる茎である

「地下茎《ちかけい》」というものです。それが新しい個体を生み出してきます。生まれてくるのがタケノコです。

ですから、タケノコは、成長するための栄養を自分でつくる必要がないのです。地下茎でつながっている親や兄弟から送られてきた栄養を使って、背丈を速く伸ばすのです。

「タケがそんなに速く背丈を伸ばすことに、何かの利点があるのか」と疑問に思われることもあります。タケが速く背丈を伸ばし、太陽の光が届く高さにまで到達すると、水と二酸化炭素を材料にして、太陽の光を使って、栄養をつくる「光合成」という反応ができます。

すると、親や兄弟からの栄養に頼らずに、自分で栄養をつくりだすことができます。背丈を速く伸ばすタケは、早く自立したいと願っている姿なのです。

「どこまで成長するのか」という疑問がありますが、まわりの親や兄弟と同じ背丈になるまで伸びます。

そこまで伸びないと、光が十分に当たらず、栄養をつくるための光合成が満足にできないからです。それ以上に伸びると、まわりのタケを日陰にしてしまい、まわりのタケが十分な光合成ができなくなります。

そのため、親、兄弟と同じ背丈になって、同じ強さの光を受け、仲良く暮らしていくのです。

＊タケは、節目をつくりながら成長しない

タケは、成長過程において、茎にある節を強くしながら、上を目指して伸びます。古くから、この姿は多くの人々を励ましてきました。

入学、就職、転勤などの季節には、新しい生活に臨む人々への励ましの言葉が、人生経験の豊かな人や有識者の方々から贈られます。その中に、人生をタケの成長にたとえ、次のような内容の贈る言葉がよく使われます。
「人生で出会ういろいろな試練は、成長するタケの節目に似ています。タケは、節目をつくりだしながら、上へと成長します。大切なのは、いかに強い節目をつくりだすことができるかです。人生もタケと同じで、いろいろな試練に出会って、強い節目をつくれた人は、強く生きることができるようになります」という趣旨のものです。

新しい生活への挑戦を、タケの成長に見立てると、人生の試練は、そのタケを支える節目を強くする役割と考えられます。試練に出会って強い節目をつくることができれば、人生をたくましく生きていくことができるはずです。ですから、この内容は、若い人たちに贈る言葉として、ふさわしいものです。

ただ、このように、タケの成長を人生にたとえるときには、注意しなければならないことがあります。「タケは、節目をつくりながら、成長する」と思われがちですが、そうではないことです。タケの節目は、生まれてすぐのタケノコのときにすでにつくられているのです。

ですから、成長するにつれて、節は強くなるだけです。タケノコのときにできている節目を強いものにして成長するのは、タケにとっても大切です。ですから、この贈る言葉のように、試練に出会い、節目を強くしながら、新しい生活の土台にしていくことは大切です。

その意味を込めて、贈る言葉として、「タケは、強い節目をつくりだしながら」ではなく、「タケは、節目を強く丈夫なものにしながら」という意味を強調しなければなりません。

ウメ

梅

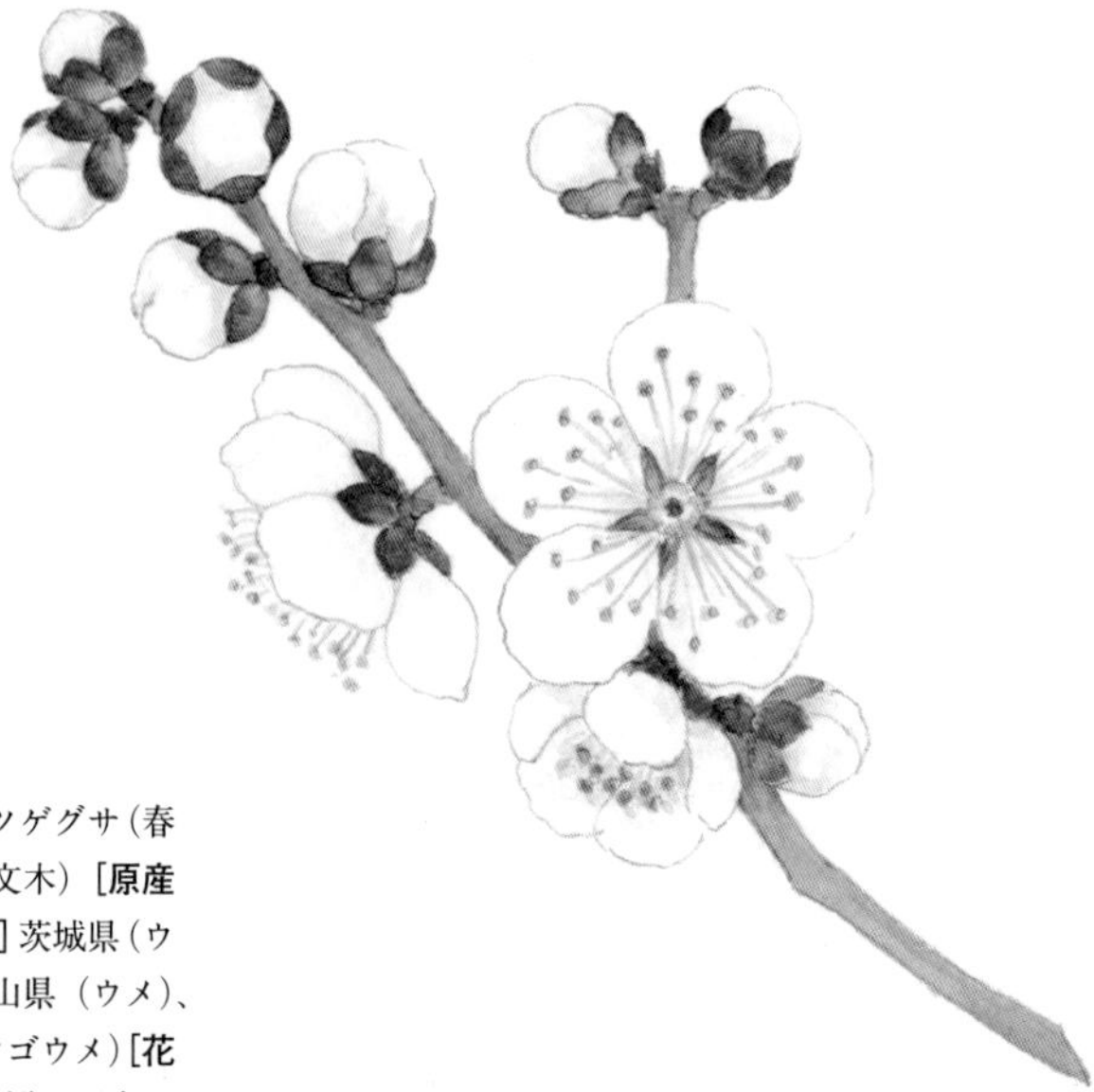

[科名] バラ科 **[別名]** ハルツゲグサ（春告草）、コウブンボク（好文木）**[原産地]** 中国 **[都道府県の木・花]** 茨城県（ウメ）、大阪府（ウメ）、和歌山県（ウメ）、福岡県（ウメ）、大分県（ブンゴウメ）**[花言葉]** 高潔、忠実、忍耐、澄んだ心

＊上品な香りを誇りとする「七香花」の代表

平成の時代が終わり、元号は「令和」となり、英語では「ビューティフル・ハーモニー」の意味をもつと説明されました。この元号は、奈良時代に編纂され、現存する最古の歌集といわれる『万葉集』から生まれたとされます。

この歌集の巻五、「梅花《うめのはな》の歌三十二首」の序文にある「初春《しよしゆん》の令月《れいげつ》にして、気淑《きよ》く風和《かぜやはら》ぎ、梅は鏡前《きやうぜん》の粉《こ》を披《ひら》き、蘭は珮後《はいご》の香《かう》を薫《かをら》す」の文言が、「令和」の出典とされます。

元号「令和」のゆかりの植物となったウメは、奈良時代より前にすでに栽培されていました。古来、この植物の花と木は、多くの人々に愛され、絵に描かれ、詩歌に詠まれ、私たちの身近に息づいてきました。

『万葉集』には、約四五〇〇首の歌が収録され、そのうちの約一五〇〇首に植物が詠まれており、約一六〇種の植物が登場します。その中で、ウメが一一八首で、ハギの約一四〇首に次いで多く詠まれています。

ウメは、マツやタケの項で紹介したように、「厳寒の三友」や「四君子」の一つに選ばれています。また、雪の中でも花を咲かせる「雪中の四友」は、ウメ、ロウバイ、サザンカ、スイセンです。春の訪れを祝うめでたい花として絵に描かれる「三君」は、ウメ、ジンチョウゲ、スイセンです。上品な香りを誇りとする「七香花《しちこうか》」とよばれる七種の植物があります。その代表がウメで、あとの六種は、ユリ、キク、スイセン、クチナシ、キンモクセイ、ジャスミンです。

＊「飛梅」は、白梅か？　紅梅か？

マツの「飛松伝説」で紹介したように、菅原道真は京都を去りました。そのとき、愛していたウメの木を前に、「東風《こち》吹かば　匂《にほ》ひおこせよ　梅の花　主《あるじ》なしとて　春を忘るな」と詠みました。そのウメの木が、京都北野天満宮の本殿の前にあります。ちなみに、梅の花は、この神社の神紋となっています（243ページ参照）。

　これは、「紅和魂梅《べにわこんばい》」という樹齢約三五〇年といわれる紅梅です。樹齢三五〇年では、道真が大宰府に移った九〇一年から年数が合わないと思われますが、江戸時代にもとの木から接《つ》ぎ木されたからです。

　詠まれたウメは、道真といっしょに、京都から飛んできて大宰府に根づいたと伝えられます。これが「飛梅」とよばれます。飛梅は、「色玉垣《いろたまがき》」という樹齢一〇〇〇年以上の白梅です。道真が大宰府に移って一〇〇〇年以上の歳月が経つので、樹齢は納得できます。

　毎年、これらのウメの木は、花を咲かせます。道真に詠まれたように、主なくても春を忘れることなく、匂いをおこしているのです。

　不思議なのは、「紅和魂梅」は紅梅であるのに対し、「色玉垣」が白梅であることです。京の都から福岡の大宰府まで飛ぶ間に疲れ切って、色素を失ってしまったかのようです。

＊なぜ、ウメはサクラより早くに咲くのか？

　ウメとサクラは、北海道では、ゴールデンウィークのころに、いっしょに花を咲かせることがあります。しかし、全国的に、ウメの花は、サクラの花より早くに咲きます。

　だからこそ、一九五八年の国民投票によって作成された「花ごよみ」では、一月にはウメ、四月にはサクラが選ばれています。「花合わせ」という遊びに用いる花かるた（花札）では、ウメは二月、サクラは三月の札に描かれます（42

ページ参照)。

「なぜ、ウメはサクラより早く花を咲かせるのか」と尋ねると、多くの人から、即座に、「ウメのほうがサクラより、低い温度で開花するから」という答えが返ってきます。

この答えは、間違いではありませんが、何か物足りません。なぜなら、開花するときの気温にだけしか触れていないからです。

ウメもサクラも、前年の夏には、ツボミがつくられます。そのあと、ほぼ一年間をかけて、春の開花の準備をするのです。「ウメのほうがサクラより、低い温度で開花するから」という答えは、この一年間の努力に触れていません。

ウメはサクラより気温が低くても開花するのは確かです。しかし、ウメの花が咲きはじめる一月に、サクラに春のような暖かさを与えても、花は咲きません。「春のような暖かさに反応して、サクラは開花する」と思われがちですが、そうではないのです。その理由は、〝眠り〟の深さにあります。

ウメもサクラも、秋に夜が長くなってくると、ツボミは〝眠り〟に入ります。そのため、この芽は、「冬芽《とうが》」や「越冬芽《えっとうが》」とよばれますが、「休眠芽《きゅうみんが》」ともよばれます。

この状態では、暖かい温度が与えられても、ツボミは眠っており、花咲くことはないのです。この眠りの深さが、ウメとサクラでは違うのです。ウメでは浅く、サクラでは深いのです。

眠りから目覚めるためには、冬の寒さにさらされなければなりません。眠りの浅いウメのツボミは少しの寒さにさらされればよく、サクラのツボミはウメよりも厳しい寒さに長い期間さらされる必要があります。

そのため、一月ごろには、ウメのツボミは、眠りから目覚めており、少し暖かければ花を咲かせます。一方で、サクラのツボミは、眠りから目覚めていないので、花を咲かせません。

ツボミが目覚めたあとは、ツボミが開くための暖かさが必要ですが、ウメでは、サクラよりも、この温度が低いのです。

毎年、同じ地域では、ウメがサクラよりも早くに花が咲くのは、「ウメのツボミの眠りがサクラよりも浅いので眠りから目覚めやすいこと」と、「ウメのツボミが開くための温度がサクラよりも低いこと」の二つが理由です。

*ウメに寄ってくる小鳥は?

花が咲いたウメの木に寄ってくる小鳥は、ウグイスと思われがちですが、ウグイスではありません。実際に、「ウグイス色の羽根をした小鳥が、花の咲いたウメの木に寄ってきているのを見た」という人が多くいます。

ところが、皮肉なことに、「ウメの木にウグイス色の羽根の小鳥が寄ってきているのを見た」ということが、「ウメの木に寄ってくるのは、ウグイスではない」ということの証《あか》しになっているのです。

ウグイスの羽根は、ウグイス色ではなく、枯れ葉のようにくすんだ茶色をしています。それに対し、ウグイス豆やウグイス餅のような明るい黄緑色をした羽根をもつ鳥がいます。この鳥は、メジロなのです。

ですから、「ウグイス色の羽根をもった小鳥が、花の咲いたウメの木に寄ってきているのを見た」という目撃証言は、「メジロがウメに寄ってきている」ということの証しになるのです。「ウメの花に寄ってくるのは、メジロである」という根拠は、羽根の色だけではありません。

ウグイスには、花の咲いたウメの木を選んで、わざわざ寄ってくる理由がないのです。

　ウグイスは、藪や茂みの中に住み、クモなどの虫や、その幼虫などを食べて生きています。そのため、それらを探しにウメの木に寄ってくる可能性はありますが、わざわざ寄ってくる必然性はないのです。

　それに対し、メジロは、花の蜜を吸う小鳥です。ですから、メジロは、ビワやツバキ、サザンカなどの花によく寄ってきます。もちろん、花の咲いたウメの木にも寄ってきます。

　メジロは、「メジロ（目白）」という名前のとおりに、目のまわりが白いのが特徴です。もし、ウメの木に小鳥が寄ってきていたら、その小鳥の羽根の色と目のまわりを見てください。メジロということが確かなものになります。

　ウグイス豆やウグイス餅のように明るい黄緑色は、メジロ色とはいわれずに、ウグイス色といわれています。でも、私たちの思っているウグイス色は、ほんとうは「メジロ色」といったほうがいいのです。

「ウメにウグイス」という取り合わせは、「ウメにはメジロ」に改められることもなく、広く受け入れられています。その理由は、ウメとウグイスは、ともに春の訪れを感じさせてくれる植物と動物だからです。

　ウメは、春に花を咲かせる多くの植物に先駆けて花を咲かせるので、「春告草《ハルツゲグサ》」とよばれます。一方、ウグイスは、その鳴き声で春の訪れをいち早く告げてくれます。そのため、「春告《ハルツゲ》鳥《ドリ》」という名をもっています。

　そのため、春の香りを漂わせるウメと、春の訪れを告げるウグイスは、絵になる取り合わせになっているのです。

ナンテン

南天

[科名] メギ科 [原産地] 日本を含む東アジア [花言葉] 私の愛は増すばかり、ますます幸せ

＊薬効成分を含む縁起物

この植物は、「〝難〟を〝転〟じる」という語呂合わせから、縁起がよいとされ、お正月飾りの鉢植えに使われます。また、この植物には、赤い実をつくる株と、白い実をつくる株があり、紅白がそろうことも縁起がよいとされます。

ナンテンの葉は、お祝いごとに用いるお赤飯に添えられ、お赤飯の赤に葉の緑という彩りのよさの効果があります。でも、この葉っぱがお赤飯に置かれているのは、それだけではありません。「この葉っぱがもつ防腐効果も期待されている」といわれます。

防腐効果をもたらす成分は「ナンディニン」です。この名前は、この植物の学名「ナンディナ　ドメスチカ」に由来し、ナンテン属を示す「ナンディナ」にちなんでいます。

植物の名前には、私たち日本人が普通によぶ和名と、国際的に通じる学名があります。学名は、その植物が属する「科」の下のグループ名を示す「属名」と、その植物の特徴を表す「種《しゅ》小名《しょうめい》」の二つの語から成り立ちます。

冬に実る真っ赤な果実を乾燥させたものには、咳を止め、のどの痛みをやわらげる物質が含まれます。そのため、その物質を含むものが「のど飴」として市販されています。その成分は、「ドメスチン」で、この名前は、学名の種小名「ドメスチカ」にちなんでいます。

こののど飴の原材料は、「南天実エキス」と表示されており、その中に、「ヒゲナミン」という成分が含まれます。この物質が、「二〇一七年一月からの世界アンチドーピング禁止表の変更」により、禁止物質に指定されました。ドーピング検査を受ける対象になるスポーツをしている方は、注意しなければなりません。

フクジュソウ

福寿草

［**科名**］キンポウゲ科［**別名**］ガンジツソウ(元日草)、ツイタチソウ(朔日草)［**原産地**］日本を含む東アジア［**花言葉**］幸せを招く、祝福、永久の幸福、悲しい思い出

＊幸せと長寿を願って飾る花

お正月飾りの鉢植えでは、ナンテンで難を転じるだけでは物足りません。「〝難〟を転じて、〝福〟となす」という、縁起のよいものにしなければなりません。

その役割が、この植物に期待されています。幸福の〝福〟と、長寿の〝寿〟を名前にもっています。この植物の花は寿命が長いことから、名前に「長寿」の意味が込められているのです。

自然の中で、旧暦のお正月にあたる二月ごろに、新春にふさわしい、美しい黄金色に輝くような花が咲きます。そのために、この植物は、「元日草《ガンジツソウ》」や「朔日草《ツイタチソウ》」という新年を祝う別名をもっています。

この植物の花言葉は、「幸せを招く」や、「祝福」「永久の幸福」ですが、これらとは趣《おもむき》が大きく異なる「悲しい思い出」という花言葉もあります。これは、この植物の学名に示される属名「アドニス」の語源に基づくものです。

アドニスというのは、ギリシャ神話に出てくる青年の名前です。青年はイノシシの牙に刺されて亡くなるのですが、このときに流れた血の色から、この植物の花が連想され、「悲しい思い出」という花言葉が生まれたといわれます。ヨーロッパには、黄色ではなく、赤い色の花を咲かせる、この植物の仲間がいたのでしょう。

＊なぜ、葉が出るより先に、花が咲くのか？

この植物では、新春に地上に出てくるのは、ツボミです。そして、葉っぱが出るより先に、花が咲くのです。花が根から直接咲いているように見えますが、短い茎は存在します。栽培を続ければ、茎は伸び、葉が展開して大きな植物になります。

「なぜ、葉も出ないうちに、花が咲くのか」と疑問に思われます。多くの植物では、葉が出たあとに花が咲きます。その理由は、花が咲いたあとに、タネや実をつくらねばならないからです。そのための栄養は、葉が茂って光合成をして蓄えられます。そのため、花が咲くより先に葉が出て、光合成をするのです。

フクジュソウが、葉が出るより先に花を咲かせることができるのは、土の中を横に伸びる茎である「地下茎」に栄養が蓄えられているからです。

「葉が出る前に花が咲けば、いいことがあるのか」との疑問があります。その答えは、花が目立つことです。葉がない状態で花が咲けば、葉が茂ったあとで咲く花より、花が目立ちます。花粉を運ぶ昆虫たちに、「ここに花が咲いているよ」と強くアピールできます。

＊温かさは、甘い蜜の味をしのぐ！

「なぜ、フクジュソウは、まだ寒い新春に、花を咲かせるのか」と不思議に思われます。

暖かくなって、多くの種類の植物が花を咲かせると、花粉を運んでくれる虫を誘う競争が激しくなります。その競争を避けるために、他の植物が花を咲かせる前に、〝先んずれば、制す〟という気持ちで、早くに花を咲かせるのです。

この植物の花は、虫を誘うために、いい香りを漂わすことなく、おいしい蜜を準備することもなく、虫を誘います。その方法は、開いた花が、電波を集めやすい反射面をもつパラボラアンテナのような形で、太陽の動きに合わせてその姿を追うことです。

夜に、花は閉じていますが、朝に、明るい太陽の光が当たると、光沢のある黄金色の花びらが開きます。そして、太陽の姿を追って、太陽の光をまともに受け、太陽の光の熱を吸収し、花の中の温度は上がります。花の中の温度が上がると、昆虫たちは、花の中の温かさを求めて、この花に寄ってきます。このおかげで、この花は昆虫に花粉を運んでもらうのです。

寒い中では、虫は温かさを求めて、花に来るのです。この花が、虫たちをもてなす〝温かさ〟は、甘い蜜の味をしのぐということなのでしょう。この植物は、心の〝温かさ〟の大切さを、私たちに教えてくれているようです。

＊フクジュソウの天ぷらを食べてはいけない！

フクジュソウは、早春の新芽をフキノトウと間違えられることがあります。フキノトウは、春の訪れを告げる山菜として珍重され、天ぷらなどにして食べられます。フクジュソウは芽を出したときの印象がフキノトウと似ていますが、フクジュソウには、有毒な物質が含まれています。ですから、フクジュソウを食べてはいけません。この物質の名前は「アドニン」で、この植物の属名「アドニス」にちなみます。

二〇〇七年の春、ある地方テレビ局の番組で、レポーターがフクジュソウの新芽を天ぷらにして食べる映像が流されました。視聴者からの批判や苦情が殺到したようです。

番組の関係者が「フクジュソウには、有毒な物質が含まれている」ことを知らないためにおこったのです。食べられた量が少なかったためか、幸いにも、そのときは、レポーターの体調に異常がおこらなかったということで、事なきを得たようです。正しい知識を身につけることは大切です。

マンリョウ　万両

センリョウ　千両

マンリョウ

[科名] サクラソウ科（以前はヤブコウジ科）**[原産地]** 日本、台湾、中国、朝鮮半島、インド **[花言葉]** 陰徳、徳のある人、寿《ことほ》ぎ

センリョウ

[科名] センリョウ科 **[原産地]** 日本を含む東アジア **[花言葉]** 富貴、裕福

＊控えめか、見せびらかしているかで区別する

マンリョウは「万両」、センリョウは「千両」と書かれます。これらの植物は、黄金色の大判、小判が目に浮かぶような価値の高そうな名前をもつので、縁起のいい植物として、お正月の飾り物になくてはならぬものです。

二つの植物は、いかにも同じ科に属する仲間のようですが、そうではありません。マンリョウは、以前はヤブコウジ科とされていましたが、現在はサクラソウ科の植物です。センリョウは、センリョウ科の植物です。

マンリョウは、長楕円形の厚くて光沢のある葉を多くつけ、夏に、白い小さな花を下向きに咲かせます。果実は小さな球形で、秋から冬に、赤く熟します。

センリョウは、夏に、黄緑色の細かい花を咲かせます。果実は、マンリョウの果実と似て小さな球形で、冬に赤く熟します。黄色い果実をつける品種もあります。

この二つの植物の見かけ上の違いは、果実をつけた状態なら、はっきりしています。センリョウは赤い果実を葉の上に見せびらかすように実らせます。それに対し、マンリョウは赤い果実を葉で隠すように実らせます。

この実らせ方の違いは、「本物のお金持ちは、金持ちであることを隠すように実らせる。中途半端なお金持ちは、金持ちであることを見せびらかすように果実をつけている」といわれることがあります。

「マンリョウ（万両）やセンリョウ（千両）があるのなら、それに続いて、百両、十両、一両という植物はないのだろうか」との疑問がおこります。その疑問に応えるように、それらの植物が存在します。次項で紹介します。

カラタチバナ
唐橘

ヤブコウジ
藪柑子

アリドオシ
蟻通

カラタチバナ

[科名] ヤブコウジ科 [別名] ヒャクリョウ（百両）[原産地] 日本、台湾、中国 [花言葉] 富、財産、鋭敏

ヤブコウジ

[科名] ヤブコウジ科 [別名] ジュウリョウ（十両）[原産地] 日本、朝鮮半島、台湾、中国 [花言葉] 明日の幸福、ふくよかな愛

アリドオシ

[科名] アカネ科 [別名] イチリョウ（一両）[原産地] 日本、朝鮮半島、中国、インドシナ半島 [花言葉]（不明）

＊百両、十両、一両は、何のランクか？

マンリョウやセンリョウに比べると価値が落ちるような印象ですが、「百両」「十両」「一両」という呼び名をもつ植物があります。

マンリョウ、センリョウは、正式な植物名ですが、「百両」「十両」「一両」は、たとえられるだけの別名ですから、植物図鑑などの見出し語にはなりません。

百両は「カラタチバナ」、十両は「ヤブコウジ」、一両は「アリドオシ」が正式な植物名です。カラタチバナ、ヤブコウジは、ヤブコウジ科の植物で、アリドオシはアカネ科の植物です。

アリドオシは、細く鋭いトゲをもつので、「アリ（蟻）をも通す」といわれる意味から、「蟻通」という漢字が当てられます。

「どうして、これらの植物に、万両、千両、百両、十両、一両のランクがついているのか」という疑問があります。これらの植物に共通なのは、秋から冬に、小さな球形の赤色の実をつけることです。

「この赤色の果実の数が多い順にランク付けされて、名前がついている」といわれます。赤に熟す果実の数は品種や栽培条件で異なることもありますが、これらの植物にその傾向はあります。もし機会があったら、ぜひ、実際に栽培してください。

古くから、「マンリョウ、センリョウと並べて、アリドオシをいっしょに栽培すると、いいことがある」といわれます。アリドオシを「有り通し（いつもあるという意味）」に洒落《しゃれ》て、「万両、千両、有り通し」といわれ、たいへん縁起がよいとされているのです。

ハボタン

葉牡丹

［科名］アブラナ科［別名］
ハナキャベツ（花キャベツ）
［原産地］ヨーロッパ［花言葉］
祝福、利益、慈愛

＊学名は、キャベツと同じ！

ハボタンは、江戸時代に、日本に渡来しました。英語では、「花咲くキャベツ」を意味する「フラワリング・キャベッジ」や、「装飾用のキャベツ」を意味する「オーナメンタル・キャベッジ」という名もあります。

日本でも「ハナ（花）キャベツ」とよばれることもあります。姿がボタンの花に似ているといわれ、いかにも、花が強調されますが、ほんとうに色づいているのは、葉っぱです。ですから、「ハボタン」なのです。

花言葉は、「祝福」「利益」「慈愛」など、お祝いごとにぴったりで、葉に赤色や白色があり、紅白を並べると縁起がいいので、お正月飾りに用いられます。

昔は、お正月にボタンの花（冬ボタン）を飾っていたので、それに代わって、葉の生えた集まりが、ボタンの花のように見えるハボタンが用いられるようになりました。「ハボタン（葉牡丹）」は、「ボタン」という語が使われますが、ボタン（牡丹）とは植物的にはつながりはありません。

もちろん、ほんとうの花も咲きます。お正月に飾ったあとに栽培を続けていれば、春には、ナノハナやキャベツのような花が咲きます。同じ仲間だからです。学名は、「ブラシカ　オレラセア」であり、ブロッコリーやカリフラワー、ケールやキャベツなどと同じ名前です。そのはずで、これらはケールから改良された植物だからです。

「ハボタン」は、キャベツの一種であるといっても、食用ではなく観賞用の植物です。食べられはしますが、おいしいとは聞いたことがありません。

オモト

万年青

オケラ

朮

オモト

[科名] ユリ科 **[原産地]** 日本、中国 **[花言葉]** 長寿、崇高な精神、長命

オケラ

[科名] キク科 **[原産地]** 日本、朝鮮半島、中国北東部 **[花言葉]** 親しみやすい、金欠病

＊漢字テストでは、「万年青」

オモトは、一年中、葉っぱが青々としています。そのため、「万年青」という字が名前に当てられます。読みにくい植物名の一つです。

この植物の学名は、「ロデア　ヤポニカ」です。「ロデア」は、オモト属を示し、「ヤポニカ」は日本を意味するので、日本に自生する植物であることが示されています。

長さ三〇〜四〇センチメートルくらいの葉が、株の中心から四方八方に広がり、初夏には、株の中心から太く短い花茎がでて、小さい花が多く咲きます。秋には、球形の赤色の果実が結びます。この姿が永遠の繁栄を象徴するものとされ、お正月の飾りに用いられます。

根と茎に、この植物の属名「ロデア」にちなんで名づけられた「ロデキシン」という有毒物質が含まれています。

＊「をけら詣《まい》り」の主役

オケラは、新春を迎えるための植物です。この学名は、「アトラクティロデス　ヤポニカ」で、「アトラクティロデス」は、「紡錘形《ぼうすいけい》の」を意味し、「根茎《こんけい》の形、あるいは、花の形に由来する」といわれます。「ヤポニカ」は、オモトと同じように、日本に自生することを示します。

「京都の三大祭」に、葵祭《あおいまつり》、祇園祭《ぎおんまつり》、時代《じだい》祭《まつり》がありますが、祇園祭は八坂《やさか》神社のお祭りです。その八坂神社は、お正月を迎えるための伝統行事「をけら詣り」でも知られています。

大晦日の日、除夜の鐘を聞いたあと、八坂神社に詣で、オケラを燃やした「をけら火」をもらいます。その火を縄に移して、火が消えないように縄をまわしながら家に持ち帰ります。そして、その火で元日のお雑煮をつくり、一年の家内安全、無病息災を願うのです。

コラム　花かるた（花合わせ、花札）

「花かるた」とは、1月から12月までの季節にちなんだ花鳥風月の図柄が描かれている「かるた」の一種で、「花合わせ」「花札」ともよばれます。一組48枚、各月4枚ずつあります。

ここでは、各月の図柄を1枚ずつ紹介します。

1月
松に鶴

2月
梅に鶯（ウグイス）

3月
桜に幕

4月
藤に杜鵑（ホトトギス）

5月
菖蒲に八橋

6月
牡丹に蝶

7月
萩に猪（イノシシ）

8月
薄（ススキ）に月

9月
菊に盃（さかずき）

10月
紅葉に鹿

11月
柳に雨、小野道風

12月
桐に鳳凰（ホウオウ）

イラスト：=sasa=（イラストAC）

第二章

春の訪れを告げる植物たち

スイセン

水仙

［科名］ヒガンバナ科［別名］セッチュウカ（雪中花）［原産地］地中海沿岸地方（ニホンズイセン）［都道府県の木・花］福井県［花言葉］うぬぼれ、自己愛

＊春に、美しさと誤食で二度話題になる！

スイセンは、雪の中でも咲くという意味で「雪中花《セッチュウカ》」という別名をもち、春の訪れをいち早く告げる花とされます。ウメ、ロウバイ、サザンカとともに、「雪中の四友《せっちゅうのしゆう》」、ウメとジンチョウゲとともに「三君《さんくん》」に名前を連ねます。

この植物の英語名は、「ナルシサス」です。これは、「水面に映る自分の姿に恋して死んだ、美少年ナルキッソス（フランス語でナルシス）が姿を変えた花がスイセンである」というギリシャ神話に基づきます。ですから、スイセンの花は、水面に映る自分の姿をのぞき込むようにうつむき加減に咲くといわれます。

この植物には、多くの品種があります。その中で、白い花弁《かべん》の上に、「副花冠《ふくかかん》」とよばれる黄色いカップ状の冠《かんむり》をもつニホンズイセンが、よく知られています。日本生まれのような名前ですが、原産地は地中海沿岸地方です。古くに、中国から日本に伝わり、育てられてきました。

スイセンは、『万葉集』に詠まれていないので、「なぜなのか」と不思議がられます。この理由は、『万葉集』は奈良時代に編纂《へんさん》されたものですが、この植物が日本に伝えられたのは、そのあとの平安時代末から室町時代だからです。

この植物は、花の美しさゆえに春早くに話題になりますが、四月から五月に、もう一度、食中毒で話題になることがあります。この植物の葉が食用のニラの葉と似ているため、ニラを採取するときに、混じってしまうのです。スイセンは、ヒガンバナの仲間で、ヒガンバナと同じ「リコリン」という有毒な物質を含みます。そのため、吐き気や嘔吐《おうと》などの食中毒がおこるのです。

スイセンとニラは、庭や畑に植えるときに、きちんと区分けされなければなりません。

フキ

蕗

［**科名**］キク科［**別名**］カントウ（款冬）［**原産地**］日本を含む東アジア［**都道府県の木・花**］秋田県（フキノトウ）［**花言葉**］私を正しく認めてください、公正な裁き

フキノトウ

＊フキノトウに教えを請《こ》うた「あるもの」とは？

フキは、日本で最古の野菜の一つといわれます。学名「ペタシテス　ヤポニクス」のヤポニクスは「日本の」を意味し、ペタシテスは「つばの広い帽子」が語源で、葉が広く大きいことにちなみます。

春の初めに、根茎《こんけい》から、フキノトウが雪を割って芽を出し、春の訪れを告げます。この現象には、次のような言い伝えがあります。その中にでてくる「あるもの」を考えてください。

「あるもの」は、現在、きれいな色をしていますが、昔、無色透明でした。「自分も花のようなきれいな色になりたい」と思い、「色の出し方を教えてほしい」と、植物に頼んでまわりました。

でも、教えるのが面倒なのか、秘密を教えたくないのか、教え方がわからないのか、相手になってくれる植物はいなかったのです。

どの植物からも断られ落胆する「あるもの」の姿を見るに見かねたフキノトウが、「私の色でよければ、教えましょう」と申し出ました。

フキに咲く花は白色ですが、フキノトウは、色の出し方を一生懸命に教えました。それをきっかけに、「あるもの」は白色を出せるようになり、そのあと、努力を重ねて、輝くような真っ白になりました。そのため、現在、「あるもの」は、輝くような白色になっています。さて、「あるもの」とは何でしょうか。

「あるもの」は、白色の出し方を教えてくれたフキノトウに恩義を感じています。そのため、多くの植物に覆いかぶさる「あるもの」は、フキノトウが地中から顔を出すと、溶けて姿を消し、その場所を譲ります。そのおかげで、フキノトウは、雪の中から芽を出すことができるのです。「あるもの」とは、「雪」なのです。

ロウバイ

臘梅

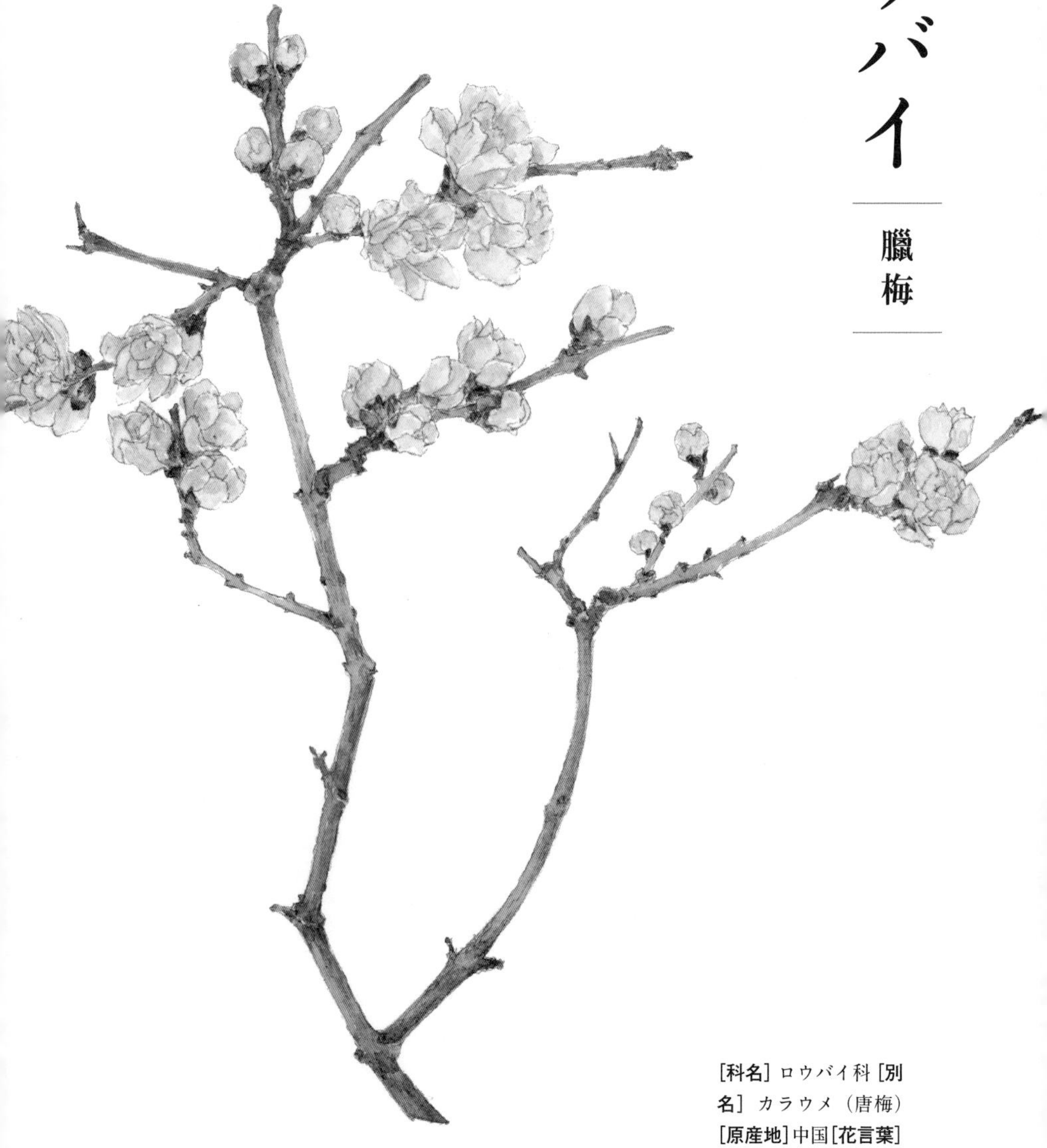

[科名] ロウバイ科 **[別名]** カラウメ（唐梅）**[原産地]** 中国 **[花言葉]** 先導、先見、慈愛

＊ウメのようでウメではない植物

この植物は、ウメ、サザンカ、スイセンとともに、雪の中でも花を咲かせる「雪中の四友」とよばれます。真冬の寒さの中で花を咲かせる花木です。

この植物の名前を「老梅」と書けば、歳を重ねたウメの木で、ウメの老木になってしまいますが、この植物は「老梅」ではなく、「蠟梅」、あるいは、「臘梅」と書かれます。

冬の寒い最中、葉が出ていない枝に、透き通るような黄色い花が咲きます。その花は蠟細工《ろうざいく》のような光沢をもつことから、「蠟梅」といわれるのです。花を一目見れば、「蠟でできているのではないか」と思うほど、艶があって透き通っており、納得がいく名前の由来です。

一方、この花が咲く旧暦の十二月を「臘月」ということから、臘月に咲くからということで、「臘梅」といわれるとの説があります。旧暦の十二月なら、今の一月から二月に当たるので、ちょうどこの花が咲く季節になります。だから、この説も説得力があります。

名前に「梅」という字が使われることについて、少なくても三つの説があります。「ウメに似た花を咲かせるから」「枝ぶりがウメの木に似ているから」「花の香りがウメの花の香りに似ているから」などです。どれが正しいとしても、この植物とウメとの間には、植物学的な類縁関係はありません。

この花には印象深い甘い香りがあるため、英語名は「ウインター・スウィート（冬の甘い香り）」です。

花言葉の「先導」あるいは「先見」は、寒さの中で、春に先駆けて咲くからです。「慈愛」は、花のもつやさしい雰囲気からです。

ジンチョウゲ

沈丁花

［科名］ ジンチョウゲ科 **［別名］** センリコウ（千里香）、リンチョウゲ（輪丁花） **［原産地］** 中国 **［花言葉］** 栄光、不滅、甘美な思い出、不老長寿

＊千里先まで香るといわれる花

この植物の英語名は、「ウインター・ダフネ」です。ダフネは、ギリシャ神話の女神の名前であり、ギリシャ語ではゲッケイジュ（月桂樹）のことです。だから、日本語にすれば、「冬の月桂樹」となるでしょう。ジンチョウゲとゲッケイジュの葉の形は似ているので、この英語名があります。ゲッケイジュは、葉がついた枝で冠をつくり、オリンピックの勝者に贈られる由緒正しい樹です。

ジンチョウゲは、十二月ごろ、ツボミを見せ、冬をその姿で越します。少し寒さがやわらいだ二月末から三月に、ツボミが待ちわびたように開花します。そのため、春の訪れを祝うウメ、スイセンとともに「三君」に選ばれています。

小さい十数個の花が球形に集まって咲きます。花びらの内側も外側も白色の花がありますが、花びらの内側が白色で外側が赤紫色の花が印象深い上品な花です。

この植物はクチナシ、キンモクセイとともに、「三大芳香《ほうこう》花《か》」の一つです。強い香りにちなんで、中国では、「七里香《シチリコウ》」という別名があり、強い香りを強調するように「千里香《センリコウ》」とよばれることもあります。強い香りの成分は、「ダフニン」という物質です。

この香りは、高級なお線香などの香りとして名高い植物「沈香《ジンコウ》」に似ています。また、花の形が香辛料として有名な植物である「丁字《チョウジ》」に似ています。丁字は、昔から、香辛料以外にも、鬢付《びんつ》け油や匂い袋、消臭、防虫などに多彩に用いられてきました。

香りや花の形が似ていることから、ジンチョウゲは、それぞれの植物から、〝沈〟と〝丁〟をもらい、〝沈丁花〟と名づけられています。

ナノハナ

菜の花

［科名］ アブラナ科 **［原産地］** 地中海沿岸地方 **［都道府県の木・花］** 千葉県 **［花言葉］** 活発、予期せぬ出会い

＊なぜ、畑に群生しているのか？

　この植物は、四月初旬までに大きく成長します。そのあと、成長した植物の葉や茎が土にすき込まれます。葉や茎は、土の中で微生物により分解され、畑で栽培される作物の養分となります。また、葉や茎に含まれていたデンプンやタンパク質などの有機物は、土中の微生物の数を増やし、それらの活動を促し、土壌の通気性や通水性を高めます。

　葉や茎を構成する成分が肥料となるので、これらは「緑肥《りょくひ》」といわれ、緑肥となる作物は、「緑肥作物」といわれます。近年、ナノハナは、緑肥作物の代表になりつつあります。ナノハナは、大きく成長する時期が早く、緑肥として役に立つので、群生して育てられています。

　葉や茎が肥料となるのなら、どの植物も緑肥作物として利用できるはずです。でも、緑肥作物として栽培されるためには、役に立つためのプラスアルファの性質をもたねばなりません。

「サツマイモを栽培する前に、ナノハナを緑肥作物にすると、サツマイモが病気にかかりにくい」などといわれます。

　これは、アブラナ科の植物は、「グルコシノレート」という物質を含んでおり、この物質は土壌中で「イソチオシアネート」という物質を生み出すことが原因です。この物質は、有害なセンチュウや土壌にいる病原菌の増殖を抑える効果があります。ナノハナが、緑肥作物といわれるのは、大きく成長する時期が早いのに加えて、このような働きをするからです。

　この植物は、「美しい眺めをつくる」という意味で、「景観植物」といわれます。でも多くの場合、景観植物としてだけではなく、緑肥作物として栽培されているのです。

アセビ

馬酔木

[科名] ツツジ科 [別名] アシビ 、アセボ、アセミ (いずれも漢字は馬酔木)
[原産地] 日本 [花言葉] 犠牲、献身

＊奈良公園にアセビが多い理由とは？

この植物の学名は「ピエリス　ヤポニカ」で、アセビ属を示す「ピエリス」は、ギリシャ神話の音楽と文芸の女神の名前にちなみます。種《しゅ》小名《しょうめい》に「ヤポニカ」が使われるように、この植物は、日本原産であり、英語名では「ジャパニーズ・アンドロメダ」とよばれます。

アンドロメダは、ギリシャ神話に登場する、国を救うために犠牲になったエチオピアの王女の名前です。このため、花言葉が「犠牲」や「献身」といわれます。

アセビは、庭木として植栽されることが多い植物です。春早くに、白色やピンク色の花を房のような状態で咲かせるツツジ科の植物です。漢字では、「馬酔木」と書かれるように、「ウマがこの植物の葉っぱを食べると酔ったようになる」といわれます。

「酔う」という字が使われるので、お酒の好きな人は、「ウマが気持ちよくなっている」とうらやましく思われるかもしれません。しかし、そうではありません。「毒にしびれた状態になっている」というのが適切な表現です。

この植物は、「アシビ」とよばれることもあります。「この語は、『足がしびれる』状態を強調している」といわれます。アセビには、「アセボトキシン」や「グラヤノトキシン」とよばれる有毒物質が含まれており、決してウマだけに有害なものではありません。

奈良公園にいるシカは、放し飼いにされていて、公園内の草や木の葉を自由に食べます。しかし、「奈良公園には、アセビが多く育っている」といわれます。ということは、シカは有毒な物質をもつこの植物を避けて食べているのです。その結果、公園内にはアセビが多いのです。

第三章

春を演出する樹木たち

サクラ

桜

［科名］ バラ科 **［原産地］** ヒマラヤ近郊 **［都道府県の木・花］** 東京都（ソメイヨシノ）、山梨県（フジザクラ）、京都府（シダレザクラ）、奈良県（ナラヤエザクラ）、宮崎県（ヤマザクラ） **［花言葉］** 精神の美、優美な女性、純潔、富と繁栄

＊日本を代表する「花」は、ウメ？　サクラ？

サクラは、ウメと並ぶ、日本を代表する花木です。この二つの人気は、時代の経過とともに、微妙に変化しています。

「花」といえば、奈良時代には、「ウメ」を指していたといわれます。その根拠は、奈良時代に編纂《へんさん》された『万葉集』には、ウメが一一八首、サクラが四〇首に詠まれていることです。ウメが、サクラより多く詠まれているので、ウメのほうが人気があったと考えられます。

ところが、平安時代に編纂された『古今和歌集』では、この関係は逆転します。この歌集には、約一一〇〇首の歌が収録されていますが、サクラが六一首に対し、ウメが二八首に詠まれています。奈良時代から平安時代にかけて、ウメとサクラの地位が逆転しています。

「『花』といえば、奈良時代には、『ウメ』を指していたが、平安時代には、『サクラ』を指すようになった」といわれる所以《ゆえん》です。

＊なぜ、花がいっせいに咲くのか？

春、暖かくなってくると、サクラの花が咲き誇ります。この現象を、代表的な品種であるソメイヨシノを主役に紹介します。

ソメイヨシノの開花は、ひときわはなやかです。その一つの理由は、花がいっせいに咲くことです。バラバラよりパッといっせいに咲くことで、はなやかさは増します。花がいっせいに咲くのは、このサクラの増え方が原因です。

ソメイヨシノは、「江戸時代の末に、オオシマザクラとエドヒガンを両親として生まれた」とされます。現在、ソメイヨシノの木が何十万本あろうとも、すべての木は、初めに生まれた一本の木をもとに、接《つ》ぎ木で増えたものです。

接ぎ木は、近縁の植物の枝や茎や幹に割れ目を入れて、増やしたい植物の枝や幹をそこに挿《さ》し込んで癒着《ゆちゃく》させ、二本の植物を一本につなげる技術です。接ぎ木で増えると、増えた株はもとになった枝とまったく同じ性質になります。そのため、同じ地域では、同じように気温に反応して、すべての花がいっせいに咲くのです。

「両親がわかっているのなら、なぜ、それらを両親としてタネで増やさないのか」との疑問がもたれることがあります。しかし、そのようにしてできるタネから生まれてくるサクラは、ソメイヨシノと同じ性質ではありません。

このことは、私たち人間で考えれば、容易に理解できます。同じ両親から生まれた子どもでも、性質は同じではありません。一卵性の双生児などを除いて、同じ両親から生まれた兄弟や姉妹は、姿や形、性質は似ていますが、まったく同じではないのです。

そのため、オオシマザクラとエドヒガンでタネをつくれば、ソメイヨシノの兄弟や姉妹が生まれます。それらは、似ていますが、ソメイヨシノとは、葉っぱや花の大きさが違ったり、花の数や色合いが微妙に異なったりします。

＊夜の長さから寒さの訪れを察知している！

ソメイヨシノの開花が、はなやかな二つ目の理由は、咲く花の個数が多いことです。機会があれば、大きなソメイヨシノの木が満開で花を咲かせているとき、花の個数を数えてください。十数万個を超えることはめずらしくありません。

ソメイヨシノの開花がはなやかな三つ目の理由は、葉っぱが出る前に、花が咲くことです。花が咲くときに葉っぱが出ていると、花が目立たず、はなやかさは半減します。花が葉っぱが出るより早くに咲くためには、それまでに、ツボミがつくられていなければなりません。

サクラのツボミは、開花する前の年の夏につくられるのです。でも、そのまま成長して秋に花が咲いたとしたら、すぐにくる冬の寒さのために、タネはつくられず、子孫が残りません。もしそうなら、種族は滅んでしまいます。

そこで、ソメイヨシノは、開花を徒労に終わらせないために、秋に、「越冬芽《えっとうが》」をつくり、その中にツボミを包み込みます。越冬芽は、冬の寒さに耐えるためにつくられる芽です。

越冬芽は冬の寒さをしのぐものですから、冬の寒さがくる前につくられねばなりません。そのためには、ソメイヨシノは、冬の寒さが訪れることを寒くなる前に知らねばなりません。

そのために、葉っぱが夜の長さをはかるのです。夜の長さは、夏至の日を過ぎて、だんだんと長くなります。夜の長さがもっとも冬らしく長くなるのは、冬至の日で、十二月の下旬です。それに対し、冬の寒さがもっとも厳しいのは、二月ごろです。夜の長さの変化は、寒さの訪れより約二カ月先行しています。ですから、葉っぱが夜の長さをはかれば、冬の寒さの訪れを約二カ月先取りして知ることができるのです。

長くなる夜を感じるのは、「葉っぱ」です。ところが、越冬芽がつくられるのは、「芽」です。とすれば、「葉っぱ」が長くなる夜を感じて、「冬の訪れを予知した」という知らせは、「芽」に送られねばなりません。そこで、夜の長さに応じて、葉っぱが「アブシシン酸」という物質をつくり、芽に送ります。芽にその量が増えると、ツボミを包み込んだ越冬芽ができるのです。

＊なぜ、台風のあとに、開花するのか？

ツボミを冬の寒さから守るために、秋に越冬芽ができるのなら、秋にサクラの花が咲くはずはありません。ところが、秋にサクラの花が咲くことがあり、新聞やテレビなどに取り上げられて不思議がられます。でも、この現象は、越冬芽がつくられるしくみに基づいておこっており、それほど不思議なものではありません。

「もしも、夏に、葉っぱが、毛虫に食べられて、なくなってしまったら」と考えてください。葉っぱがなくなると、秋になっても、夜の長さは感じられず、アブシシン酸がつくられません。そのため、芽にはアブシシン酸が送られてきません。とすれば、越冬芽がつくられず、ツボミは越冬芽に包み込まれることはありません。ですから、春と同じような秋の暖かさの中で、ツボミは花咲いてしまうのです。

また、秋の台風のあとに、サクラの花が咲くことがあります。これは、「塩害」で、葉っぱが枯れ落ちたためです。塩害というのは、文字どおり、「塩の害」です。台風が塩を含んだ海水を運んできて、木々の葉っぱに塩水がつき、その塩のために葉っぱが枯れ落ちる現象です。

一般的な台風では、多くの雨が伴うために、運ばれてきた塩水が木々の葉っぱに付着しても、塩は雨で洗い流されます。ところが、雨が少ない台風の場合、葉っぱについた塩が洗い流されず、塩害がおこります。そのため、サクラの花が咲いてしまうのです。これが、台風によって、秋にサクラの花が咲く現象なのです。

秋にサクラの花が咲くと、「狂い咲き」という言葉が使われることがあります。しかし、秋に花が咲くしくみが広く理解されると、台風のあとの開花には、「台風からの贈り物」や「台風の置き土産」という表現がふさわしいでしょう。

＊冬の寒さで目覚め、春の暖かさで花開く！

春になると、ツボミを包み込んだ越冬芽から、暖かくなるのを待ちわびていたかのように、いっせいに花が咲きます。この現象は、「暖かくなってきたから」と思われがちです。たしかに、花が咲くためには、暖かくならなければなりません。しかし、暖かくなったからといって、越冬芽から花が咲くものではありません。たとえば、秋にできた越冬芽をもつ枝を、冬の初めに暖かい場所に移しても、花が咲くことはありません。暖かさに出会っても花を咲かせない越冬芽は、〝眠っている〟状態であり、「『休眠』している芽（休眠芽《きゅうみんが》）」と表現されます。

秋に越冬芽がつくられるときに、アブシシン酸が葉っぱから芽の中に送り込まれています。これは、〝眠り〟を促し、花が咲くのを抑える物質です。ですから、越冬芽の中にアブシシン酸が多くある限り、暖かくなったからといって、花が咲くことはないのです。

花が咲くためには、越冬芽が〝眠り〟から目覚めなければならず、そのために、越冬芽の中のアブシシン酸がなくならねばなりません。この物質は、寒さに出会うと、分解されてなくなります。ということは、花が咲くためには、越冬芽が寒さにさらされねばならないのです。

冬の寒さで、アブシシン酸は分解され、越冬芽は眠りから目覚めます。そのときには、まだ寒いので、越冬芽は、目覚めた状態で暖かくなるのを待ちます。

目覚めた越冬芽の中には、暖かくなってくると、「ジベレリン」という物質がつくられてきます。ジベレリンは、越冬芽から花が咲くのを促す物質です。そのため、暖かくなると、越冬芽から花が咲いてくるのです。

春に花が咲く現象の裏に、〝冬の寒さ〟の通過を確認してから目覚め、〝春の暖かさ〟に反応して花を咲かせるという〝二段階のしくみ〟が、越冬芽の中ではたらいているのです。

＊入試の合否にふさわしい電文は？

サクラは花を咲かせる春にもてはやされますが、そのはなやかな開花の陰には、一年がかりの努力があるのです。サクラは、夏にツボミをつくり、秋には、そのツボミを越冬芽に包み込みます。そして、冬の寒さを受けて、アブシシン酸を分解し、春の暖かさを感じ、ジベレリンの力を借りて開花を迎えるのです。

入学試験の合格を知らせる電報文には、「サクラ　サク」という言葉が使われます。この言葉は、サクラの開花が一年がかりの努力の賜物であることを考えると、的を射ています。この短い言葉には、花を咲かせるサクラの努力と同じように、「合格するための努力が実りましたよ」という意味が込められているはずです。

それに対して、不合格の電文には、「サクラチル」が使われます。「花が咲いてもいないのに、散るはずがない」と考えるのは、少し理屈っぽ過ぎるかもしれません。しかし、不合格には、「サクラ　サカズ」とか、「ツボミ　カタシ」のほうがふさわしい電文と思われます。

＊桜餅の香りの正体は？

桜餅の葉からは、おいしそうな甘い香りが漂います。しかし、サクラの木に茂っている緑の葉をもぎ取って香りを嗅いでも、桜餅の葉の香りはしません。「桜餅には、葉に香りのある特別な種類のサクラが使われているのか」と思われます。たしかに、桜餅に使われるのは、おもにオオシマザクラの葉です。このサクラの葉は、大きくてやわらかく、そして、強い香りを出すからです。

ところが、オオシマザクラの葉でも、木に茂っている緑の葉はあの香りを出しません。葉が塩漬けにされると、あの香りが出てくるのです。

塩漬けにすれば、あの香りは、オオシマザクラでなくても、どんなサクラの葉からも出ます。ソメイヨシノの葉からも、あの香りは出るのですが、葉が堅いので、桜餅にして葉を食べるとき、おいしくないので使われません。

あの香りは「クマリン」という物質の香りで、緑の葉にはクマリンができる前の物質が含まれます。でも、その物質には香りはありません。

葉には、もう一つの物質が含まれます。それには、クマリンができる前の物質をクマリンに変える働きがあります。しかし、緑の葉の中では、二つの物質は接触しないようになっています。だから、クマリンの香りは発生しません。

塩漬けにして葉が死んでしまうと、これらの二つの物質が出会って反応します。その結果、クマリンができて、香りが漂ってくるのです。

葉を塩漬けにしなくても、緑の葉を手でよく揉んでモミクチャにしておくと、クマリンのかすかな香りが漂いはじめます。葉が傷ついて、二つの物質が接触することになるからです。

葉が傷つくとクマリンの香りが漂うのは、葉が虫に食べられることへの防御反応です。葉を食べようと傷をつけた虫には、クマリンの香りは嫌な香りなのです。だから、あの香りはかじられた葉から出ますが、虫にかじられていない葉からは漂う必要がないのです。

ボケ

木瓜

[科名] バラ科 **[別名]** ホウシュンカ（放春花）、カラボケ（唐木瓜）**[原産地]** 中国 **[花言葉]** 平凡、魅力的な人、知恵、熱情

ボケの実

＊「ボケ」と漢字で書いて「惚け防止」!?

この植物は、平安時代の初期に中国から日本に渡来したといわれます。観賞用の植物として、鉢植えや庭木として栽培されてきました。「春《ハル》告草《ツゲグサ》」とよばれるのはウメですが、この植物は、「放春花《ホウシュンカ》」とよばれます。

この植物は、暖かくなりはじめると、葉が出るより先に花を咲かせはじめます。咲いた花は、明るくあざやかな紅色をしており、緋色《ひいろ》と表現されることがあります。近年は、花が白色やピンク色などの品種も出まわっています。まれに、一つの花の中に、紅色と白色の入り混じった花が咲いているものもあります。いずれの花も、明るい春の香りを放っているように感じられます。そのため、「放春花」という名前をもっているのです。

「ボケ」という、この植物の名前を耳にすると思わず、「なぜ、こんな名前になったのだろう」と考えてしまいます。でも、〝ボケ〟という音は同じですが、私たちが考えなければならないような深い意味はありません。

この植物の果実の姿は、ウリの果実に似ています。そのため、ウリのような実をならせる木という意味で、漢字名は、「木瓜」と書かれます。「木瓜」は、「もっけ」や「もけ」とよばれて、それが「ボケ」と訛《なま》ったといわれます。「ぼっくわ」と読み、この音から「ボケ」になったという説もあります。

ボケの学名は、「カエノメレス　スペシオーサ」で、「スペシオーサ」は、ギリシャ語で「美しい」や「はなやかな」を意味します。属名の「カエノメレス」は、「裂けたリンゴ」や「口を開けたリンゴ」を意味します。果実の形が、球形か楕円体で、リンゴのように見えるからです。

日本では、リンゴではなく、ウリの果実にたとえられて「木瓜」なのです。

この植物の花がきれいに咲いているのを見ると、「木瓜」という漢字が思い浮かびます。むずかしい漢字名です。これをきっかけに、同じようにむずかしい漢字名をもつ、春に花咲く植物を思い出してください。馬酔木《アセビ》、蒲公英《タンポポ》、辛夷《コブシ》、金雀枝《エニシダ》、射干《シャガ》などです。このようにすると、木瓜は「惚け防止」に役立ってくれるでしょう。

＊葉よりツボミが先に成長する

ボケは、ウメ、ロウバイ、サクラなどと同じように、春に葉っぱが出るより先に花を咲かせます。これらの花木は、木の幹や根に栄養を蓄えているので、葉っぱが先に出てタネや実をつくるための栄養をつくる必要がないので、葉っぱが出るより先に、花を咲かせることができるのです。

葉っぱが多く出たあとで咲く花より、葉っぱが何もない状態で花が咲けば、花が目立ちます。ですから、花粉を運ぶ昆虫たちに、花が咲いているよとアピールできます。だから、植物にとって、花が葉っぱより先に出ることに、メリットがあることは、フクジュソウの項（30ページ）で紹介しました。でも、花が必ず葉っぱより先に出るのは、やっぱり不思議です。

この不思議は、春には、葉っぱを包み込んだ芽と、ツボミを包み込んだ芽の二種類があることに気づけば解決します。二つの芽には、暖かさに反応する敏捷《びんしょう》さの違いがあるのです。

ボケやウメ、ロウバイ、サクラなどでは、ツボミを包み込んだ芽のほうが、葉っぱを包み込んだ芽より低い温度で先に成長します。ですから、葉っぱが出る前に、花が咲くのです。

＊「動く遺伝子」が紅白入り混じった花をつくる

この植物では、一つの花の中に、紅白に色が入り混じった花が咲くことがあります。「紅色の花の中に白色が混じった花が咲いた」、あるいは、「白色の花の中に紅色が混じった花が咲く」という現象です。「絞《しぼ》り」とよばれることもあります。これは、花びらの中で、突然変異がおこっている可能性があります。

花の紅色は、花びらの中でつくられる「アントシアニン」という色素の色です。ですから、紅色の花の花びらの中では、アントシアニンをつくるための遺伝子がはたらいてアントシアニンがつくられているのです。

ところが、花びらの中で、この遺伝子が正常にはたらかないことがおこると、紅色の色素がつくられなくなります。紅色の色素がつくられなければ、花びらのその部分は白色になります。「紅色の花の中に白色が混じった花が咲いた」と表現される現象がおこるのです。

この現象をおこす一つの原因に、「トランスポゾン」とよばれるものがあります。これは、「動く遺伝子」ともいわれます。これは、紅色の色素をつくる遺伝子の中に割り込むように入るのです。

すると、紅色の色素をつくる遺伝子が正常にはたらくことができません。そのため、紅色の色素はつくられず、白色の花になります。

トランスポゾンは、割り込んでいた場所から、また突然に飛び出していくこともあります。この場合、紅色の色素をつくる遺伝子は正常に戻ります。ですから、白色の花の花びらの中に、紅色の色素ができ、「白色の花の中に紅色が混じった花が咲いた」ということもおこるのです。

モモ

桃

[科名]バラ科**[原産地]**中国 **[花言葉]** 気立てがよい、天下無敵、あなたのとりこ

＊なぜ、桃の節句にモモの花が咲かないのか？

この植物は、中国から渡来し、古くから日本で栽培されていたようです。

約二〇〇〇年前の弥生時代の遺跡から、モモのタネが発見されています。二〇一〇年、奈良県桜井市にある「纒向遺跡《まきむく》」から、モモのタネが二〇〇〇個以上も見つかりました。この遺跡には、三世紀前半の「女王卑弥呼《ひみこ》の宮殿」といわれる大型の建物の跡があります。

当時、モモは「魔よけの果実」あるいは「不老長寿の果実」とされ、「祭祀《さいし》のお供えや死者の弔《とむら》いに用いられた」と想像されます。二〇〇〇個以上ものタネが見つかるほど、大量のモモが使われていたことから、「モモの果樹園のような場所で栽培されていた」と考えられています。

「三月三日は、『桃の節句』といいますが、モモの花はまだ咲いていません。なぜ、『桃の節句』というのでしょうか」という疑問があります。その答えは、「旧暦の三月三日が『桃の節句』で、現在の三月下旬から四月上旬に当たるから」です。旧暦の三月三日は、モモの花がちょうど咲くころだったのです。新暦でも、三月三日を「桃の節句」にしたために、モモの花が咲かない「桃の節句」になったのです。

でも、新暦の三月三日の「桃の節句」に行われる「ひな祭り」のときに、咲いているモモの花が飾られていることがあります。それらのモモの花は、一般的には、温室栽培されたものです。「ひな祭りには、自然に咲いたモモの花が欠かせない」と考える地域や地方では、ひな祭りが一カ月遅れの四月三日に行われます。この日は旧暦の三月三日ごろにあたり、自然の中でモモの花が咲いています。

ハナミズキ

花水木

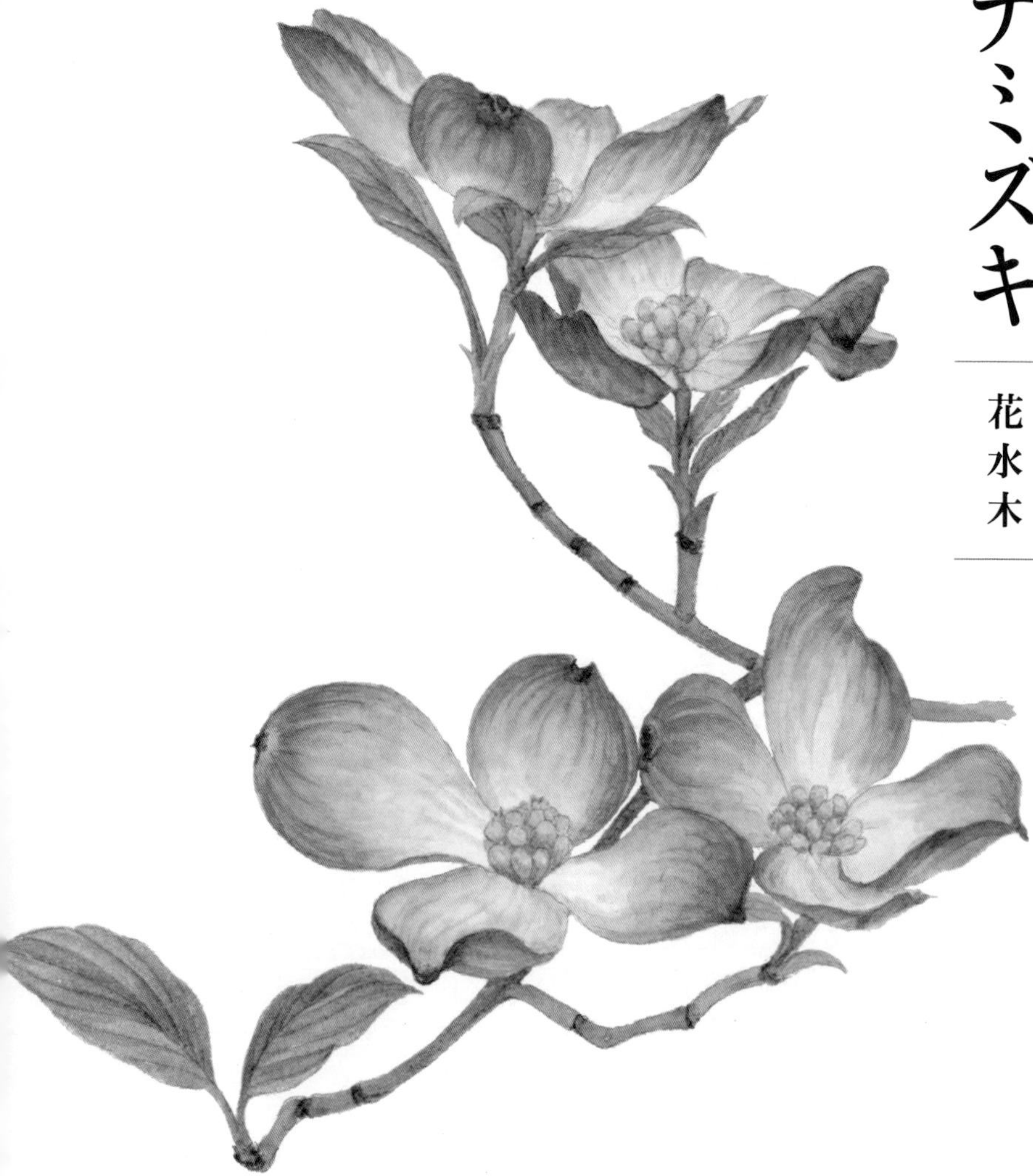

［科名］ ミズキ科 **［別名］** アメリカヤマボウシ（アメリカ山法師）**［原産地］** 北アメリカ **［花言葉］** 返礼、耐える、永続性

＊「ほう！」と感心したい花

この植物は、アメリカ合衆国のバージニア州の「州の花」に選ばれています。アメリカから日本に来て、日本のヤマボウシに似ているので、「アメリカヤマボウシ」ともいわれます。

英語名は、「ドッグウッド」です。この木の樹皮を煎じた汁が、イヌのノミ退治に使われたようです。イヌの皮膚病の治療に用いられ、イヌを飼うのに役立つ木という意味で、「イヌの木」という名前がついているのです。

この植物には、時代の流れに翻弄された哀しい歴史があります。一九一二年に、東京の尾崎行雄市長が、現在、アメリカのポトマック河畔などに咲くサクラの木を贈りました。その返礼として、この植物は日本に贈られてきたのです。ですから、この植物は「日米親善を記念する木」であり、花言葉は「返礼」です。

しかし、その後、不幸にも日本とアメリカの間に戦争が勃発したため、「親善の木」どころか「敵国の木」としてしいたげられたのです。

この植物が咲かせている明るい淡紅色の花を見ると、思わず「きれいな色の花びらだ」という言葉が出ます。でもそのようなとき、「それは花びらではないよ」と言われることがあります。

ハナミズキの花では、きれいに色づいているのは花びらではなく、植物学的には、「ほう(苞)」なのです。苞とは、本来、花の下につく小さな葉です。ハナミズキのほんとうの花は小さなツブツブです。そのまわりを色がついた大きな苞(苞葉《ほうよう》ともいう)が花びらのように取り囲んでいるのです。

ですから、もし「それは花びらではないよ」と言われたら、そのとおりですから、その指摘に感心するように「ほう！」と答えてください。

フジ

藤

[科名] マメ科 [原産地] 中国 [花言葉] 歓迎、至福のとき

＊新五千円札に描かれる紫色の花

　この植物は、花かるた（花札）では、四月にホトトギスとともに描かれています（42ページ参照）。英語名は、「ウィステリア」です。学名は、「ウィステリア　フロリブンダ」であり、「ウィステリア」はアメリカの植物学者カール・ウイスターの名前にちなみます。「フロリブンダ」は、たくさんの花をつけることを意味します。

　春に、フジは、五〇センチメートル以上にも垂れ下がった房に多くの花を咲かせます。その姿が「下がり藤」として、浄土真宗本願寺派の宗紋となっており、本山である西本願寺（京都市下京区）の寺紋にもなっています（243ページ）。花の色は、淡い上品な薄い紫色で、この植物の名前がその色の名前に用いられ、「藤色」です。

　この植物のツルは、木や棒に巻きついて伸びます。この性質を利用して藤棚に仕立てられるのは、多くの場合、「ノダ」という名前がつく品種です。「ノダ」は大阪市福島区野田の地名で、野田は「ノダフジ」の発祥の地なのです。「吉野のサクラ、高尾《たかお》のモミジ、野田のフジ」と称せられます。サクラの名所である吉野、京都のモミジの三尾《さんび》（高尾、栂尾《とがのお》、槙尾《まきのお》）の一つである高尾とともに、「野田のフジ」といわれていたのです。しかし、一九四五年の空襲に続いて、一九五〇年のジェーン台風で、壊滅的な被害を受け、「野田のフジ」は、姿をほとんど消しました。近年、地元の人たちにより、ノダフジの復活がはかられています。

　この植物は、二〇二四年度に発行される新五千円札の裏面の図柄に採用されました。このお札の人物は、近代的な女子高等教育に貢献した津田梅子で、紫色を基調とするため、その色合いをもつフジの花が選ばれました。

シャクナゲ

石楠花

［**科名**］ツツジ科［**原産地**］ヒマラヤ山脈［**都道府県の木・花**］福島県（ネモトシャクナゲ）、滋賀県（シャクナゲ）
［**花言葉**］威厳、風格、警戒心

＊細やかに守られた環境で咲く花

ウメ、ツバキ、タイサンボクなどの花が、「花木の王」とよばれ、それにふさわしい気品、風格を備えています。それらを超えて、花の濃厚さを備えているのは、ボタンです。ですから、ボタンは、中国で「花王《かおう》」という呼び名を得ています。

それに対し、シャクナゲは、「花木の女王」とよばれます。この植物は、女王としての繊細な花の美しさを備え、「ヒマラヤの花」や「深《しん》山《ざん》に咲く花」などといわれる花を咲かせます。夏の冷涼さ、高い湿度という細やかな環境に守られながら育つお嬢様のような植物です。

原産地であるヒマラヤ山脈の中腹に、ネパールという国が位置します。シャクナゲは、この国の「国花」になっています。

その広く厚い葉は、夏の涼しさと高湿度の自生地に適しています。動物にはおいしそうに見えるので食べられるおそれがあるからでしょうか、身を守るために有毒物質「アンドロメドトキシン」を含んでいます。この木の杖を使うと「長生きする」といわれ、この木で物差しをつくると「曲がらない」といわれます。

シャクナゲは、本来、標高八〇〇～一〇〇〇メートルの高山に生育する植物ですが、滋賀県では、標高約三〇〇メートルの鎌掛谷《かいがけだに》の四万平方メートルという狭い範囲に約二万本が群生しており、国の天然記念物に指定されています。ここでは、四月下旬に、赤、白、ピンクなどの花が咲きそろい、その壮大さとかもし出される雰囲気は、「花木の女王」を満喫させてくれます。

この植物の属名は、「ロードデンドロン」とよばれます。ギリシャ語で、ロードはバラを意味し、デンドロンは木を意味します。

サツキツツジ

五月躑躅

［科名］ ツツジ科 **［別名］** サツキ（皐月、五月）**［原産地］** 日本 **［都道府県の木・花］** 栃木県（ヤシオツツジ）、群馬県（レンゲツツジ）、静岡県（ツツジ）、福岡県（ツツジ）、長崎県（ウンゼンツツジ）**［花言葉］** 節制

＊秋に、刈り込んで、木の形を整えると？

この植物の名前は、旧暦の五月（さつき）に花咲くことにちなんでいます。春を過ぎて花が咲くので、ツボミは春につくられるような印象があります。しかし、スイセン、ヒヤシンス、チューリップなどの春咲きの球根類の場合と同様に、これらの花々のツボミは、前の年の七月から八月ごろに生まれています。その後、夏の暑さ、冬の寒さに耐え、ほぼ一年間、自分たちが花咲く季節をじっと待っているのです。

生き生きと美しく咲いているように感じられる花々は、新しく伸びはじめる芽と競うように木の表面を覆って咲きます。枝の先に、花が咲くからです。ということは、夏に枝の先にツボミがつくられるのです。

「夏に、ツボミが枝の先につくられる」ことがあまり知られていないので、秋に木の形を整えるために、枝の先が刈られることがあります。

ところが、夏に枝の先にツボミがつくられているのですから、そんなことをすると、ツボミが切られることになります。春になって、「家のサツキツツジには、多くの花が咲かないが、なぜか」との悩みが生まれることになります。

剪定《せんてい》をするなら、花の季節が完全に終わる前、「もう少し花を楽しめるだろう」と思うころに、勇気を出してしなければなりません。毎年「つつじ祭り」などが催される場所では、祭りが終わるとすぐに刈り込みが行われます。

＊何時に、開花するのか？

サツキツツジの開いた花は、五日から一〇日間の寿命をもち、毎日次々と多くのツボミが開花します。そのため、新しいツボミが何時に開花するかは、非常にわかりにくいものです。

開花する時刻が知られているものの多くは、花開いてから二四時間以内に萎れてしまう一日《いちにち》花《ばな》や、毎日時刻を決めて開閉運動をしている花です。前者は、アサガオやツキミソウなどであり、後者は、タンポポやチューリップなどです。

これらの植物では、花が一つも開いていない光景を見ることができます。たとえば、アサガオなら、朝、いっせいに花開いていますが、夕方には開いている花は一つもありません。

サツキツツジでは、開花時刻がわかりませんが、朝には、開花した花の数が、前日の夕方より、ずっと多くなったような気がします。ということは、「夕方から朝までの間に、新しいツボミが開くのではないか」と思われます。

そこで、早朝に、開花している庭の一角の花を、私はすべて摘み取りました。心苦しかったですが、この植物は、その行為を恨みに思わず、開花する時刻を教えてくれました。

朝に、すべての花を摘み取ると、その日の夕方まで、その一角には、開いた花は一つも見られませんでした。しかし、翌朝にはいっぱいの花が開いていました。そこで、夕方から時刻を追って観察すると、その日に開くべきツボミのすべては、午後七時から真夜中の午前〇時までの五時間以内に開くことがわかりました。

＊ツボミが開くとき、何がおこるか？

ツボミが開くとき、花びらの重さを測定すると、ツボミは開きながら、花びらの重さが、一・五倍以上になることがわかりました。一・五倍というと大きな印象を受けませんが、体重六〇キログラムの人が、五時間以内に、体重九〇キログラムになるのと同じなのです。

花びらの中は、ほとんど水で満たされていますから、花びらが重くなるというのは、花びらに多くの水が吸収されるためです。生け花や切り花でも、ツボミが花開くときに多くの水が吸収されることはよく知られています。

そこで、花びらの中に多くの水が急激に吸収される原因を調べると、ツボミが開くとき、花びらの中で、ブドウ糖という物質の量が増えていることがわかりました。一個の花に含まれるブドウ糖の量は、ツボミ一個に含まれる量の約二倍に増加していたのです。

この増えたブドウ糖が花びらに水を吸い込む力となるのです。そのしくみは、ナメクジに塩をかけると、ナメクジが小さくなるのと同じです。液体には、濃度が違う場合、混じりあって同じ濃度になろうとする性質があります。ナメクジに塩をかけると、ナメクジのからだの外は濃い塩水になり、からだの中と同じ濃度になろうとして、水がからだの中から外へ移動します。そのため、ナメクジは小さくなるのです。

「甘い砂糖をかければ、ナメクジは大きくなる」という人がいますが、これは冗談です。ナメクジに砂糖をかけても、ナメクジは小さくなります。塩をかけたときと同じことがおこるからです。からだの外は濃い砂糖水になり、ナメクジのからだの中の水は外へ移動するのです。

花びらの中にブドウ糖が増えると、ブドウ糖の濃い液が茎を通して水を吸い込むのです。その結果、多くの水がツボミに入ってきて、花びらは大きく膨張しピンと張り、ツボミの中に折り込まれていた花びらが開きます。

サツキツツジのツボミが開くとき、花びらの中で、こんなことがおこっているのです。

ドウダンツツジ

満天星躑躅
灯台躑躅

ヒラドツツジ

平戸躑躅

ドウダンツツジ

［科名］ツツジ科［原産地］日本の四国［花言葉］上品、節制

ヒラドツツジ

［科名］ツツジ科［原産地］長崎県平戸［花言葉］（不明）

＊この植物名を漢字で読み書きできるか？

ドウダンツツジは、多くの小さな白い花を咲かせます。その咲き誇る様子が満天に輝く星に見立てられて、漢字名では「満天星」と書かれたり、「満天星躑躅」や「灯台躑躅」と書かれたりします。「灯台」の文字が使われるのは、この植物の枝分かれしている様子が、昔、夜間の明かりとして用いられた灯台の脚部と似ているからです。「トウダイツツジ」という音が転じて、現在の植物名になったといわれます。

この植物には、白い花が多くありますが、近年は、紅色の花を咲かせる品種もあります。

学名は、「エンキアンサス　ペルラトゥス」で、属名のエンキアンサスは、春から初夏に咲く、花の形にちなみます。「妊娠したように膨らんだ花」を意味し、ぽっくりと膨らんだ小さな花が、下向きに、春から初夏に咲きます。

＊生まれ故郷の名前がついためずらしい植物

ヒラドツツジは、庭や公園に植えられ、生け垣などに使われます。常緑樹で、四月から五月に、赤色や白色、ピンクの大きな花を咲かせます。「ヒラド」は、現在の長崎県平戸市を意味し、この地で古くから栽培されてきたことが名前の由来といわれています。生まれ故郷が名前につくめずらしい植物です。

この植物は、いくつかのツツジの種類が交配されて生まれてきたものと考えられており、園芸品種も多くあります。よく知られるオオムラサキも、その一種です。

学名は「ロードデンドロン　プレチュム」です。「ロードデンドロン」は、ギリシャ語の「バラ（ロデン）」と樹木（デンドロン）」で成り立っており、種小名《しゅしょうめい》の「プレチュム」は、「美しい」や「優雅な」を意味する語です。

ヤナギ

楊柳

［**科名**］ヤナギ科［**原産地**］中国［**花言葉**］憂鬱、悲愁、従順

＊「柳」と「楊」の使い分け

「ヤナギ」という名称は、葉っぱが枝垂《しだ》れているシダレヤナギ、花の集まりの銀の毛が猫のように見えるネコヤナギ（カワヤナギ）、柳行李《やなぎごうり》の材料になるコリヤナギなどのヤナギ属の植物を総称する言葉です。特に、シダレヤナギだけを指す場合も多くあります。

「ヤナギ」を示す漢字には、「柳」と「楊」があります。厳密に使い分けられているとは思いませんが、枝が垂れるヤナギには「柳」、ネコヤナギやコリヤナギのように枝が上に伸びるヤナギには「楊」を当てるといわれることがあります。

昔、食後などに使う「ようじ」には、ヤナギの木が使われました。「ようじ」は、漢字で「楊枝」と書きますから、楊枝は、もともと、「ヤナギの枝」からつくられていたことになります。

古くから、ヤナギの枝からつくられた「楊枝」を使うと、歯の痛みが楽になることが知られていました。ヤナギには、痛みをやわらげる成分が含まれているからです。

そのことを知っておられたかどうかはさておき、「お釈迦様は、いつもヤナギの枝をくわえていた」といわれます。虫歯に悩まされていたのかもしれません。また、ヤナギの樹皮は、防腐剤としても使われてきました。

＊「薬の王様」を生んだ木

ヤナギの属名は、ラテン語で「サリックス」です。ヤナギに含まれる成分は、その属名にちなんで「サリシン」と名づけられています。「サリシン」は、抗菌、鎮痛、解熱の作用をもちます。しかし、「サリシン」は副作用が強いので、その構造を少し変えて、「サリチル酸」という物質がつくられました。

サリチル酸は、その後、長い間、食品の保存剤、防腐剤として使われていました。しかし、近年は、薬害があることが危惧され、わが国では食品への使用が認められていません。

この物質には、熱を下げる効果があることも発見されました。そのため、鎮痛、解熱剤として使われました。しかし、サリチル酸を服用すると副作用が出るため、一八九七年に、この物質の構造を少し変えて、副作用を抑えた「アセチルサリチル酸」がつくられました。

それが「アスピリン」という薬です。この薬は、発売以来、世界中で利用され、「世界でもっとも多く使用された薬」として、「薬の王様」といわれます。植物のもつ有毒な物質を利用した「毒薬変じて薬となる」の代表的な例となっています。

＊なぜ、花札の十一月はヤナギなのか？

「花合わせ」という、遊びがあります。これに使う「花かるた（花札）」では、各月に植物が割り当てられています（42ページ参照）。

一月は松、二月は梅、三月は桜、四月は藤、五月は菖蒲、六月は牡丹、七月は萩、八月は薄、九月は菊、十月は紅葉などです。それぞれの月にふさわしい植物が使われていますが、十一月と十二月には、想像しがたい植物が選ばれています。

十一月には、ヤナギが選ばれているのです。ヤナギの花は、あまり目立ちませんが、四月から五月に咲きます。だから、十一月はヤナギの花の季節ではありません。かといって、十一月に、ヤナギの葉っぱが、モミジのように、きれいに紅葉するわけでもありません。

「十一月は意外と雨が多いので、ヤナギのイメージに結びつく」という説もありますが、多くの人を説得するほどの力はありません。十一月にヤナギが選ばれていることについて、納得のいく理由は知られておらず、謎のままです。

十二月には、キリが選ばれています。キリの花は、五月に咲きます。ですから、キリは、十二月の植物にはふさわしくありません。だから、十一月のヤナギと同じように、「なぜ、キリが十二月の植物なのか」という疑問が浮かびます。

しかし、これには、納得のいく答えが用意されています。それは、十二月が一年の終わりであることです。はじめから終わりまでを意味する「ピンからキリまで」という言葉があります。このときの「キリ」は最後を指し、一年でいえば、十二月になります。だから、「十二月は、『キリ』と洒落《しゃれ》ている」といわれます。

＊ことわざによく登場する植物

十一月の絵札では、平安時代の「書道の神」とよばれる書家、小野道風《おののみちかぜ》がカエルとヤナギとともに描かれます。その情景は、「枝垂れたヤナギの葉に飛びつこうと、何度も挑戦し、ついに成功したカエルの姿に発奮した道風は、『何事も努力すれば成し遂げることができる』と、書道に専念した」という逸話に基づくといわれます。道風を発奮させたのは、カエルなのです。

シダレヤナギは、中国から日本に奈良時代に渡来し長く私たちと生活をともにしています。そのため、ことわざなどによく出てくる植物です。「柳の下にいつも泥鰌《どじょう》はおらぬ」は、「一度うまくいっても、同じやり方でもう一度うまくいくとは限らないこと」や、「柳に風と受け流す」は、「逆らうことなく受け流すこと」で、「柳に風」とか「柳は風に従う」ともいわれます。

キリ

桐

［**科名**］ゴマノハナ科［**原産地**］中国大陸（韓国、中国あたり）［**都道府県の木・花**］岩手県［**花言葉**］高尚

＊五百円硬貨や紋章に使われている植物

キリは、高く伸びると、一〇メートルほどの背丈に成長します。四月下旬から五月下旬にかけて、紫色の五～六センチメートルの筒状の花が、小枝の先に円錐状《えんすいじょう》に集まって咲きます。

この木の成長する速度は速く、一五年から二〇年で成木となります。できる材は、良質で軽いので、下駄や箪笥《たんす》、琴や琵琶などの楽器などの高級な素材となります。昔、「女の子が生まれると、キリの幼木を植え、結婚する際には、その木で箪笥をつくって嫁入り道具にする」という風習がある地方があったと伝えられます。

名前の由来は、この木を切ってもすぐに芽が出てきて「切り」がないということから、「キリ」になったといわれます。また、この木を切ると、横から出た芽が速く成長するので、わざわざ切るということから、「切る木」という意味で「キリ」になったという説もあります。

集まって咲く紫色の花は、気品豊かです。そのためか、英語名は、「女帝の木（エンプレス・ツリー）」「王女の木（プリンセス・ツリー）」です。日本でも、この花はそのような扱いを受けており、キリの葉と花をデザイン化した「桐紋」は、日本国政府の紋章として、勲章などに使われています（243ページ参照）。

紋章には、「五三桐《ごさんのきり》」や「五七桐《ごしちのきり》」があります。いずれも、下には三枚の葉が描かれ、その葉からそれぞれ一本の花茎《かけい》が伸び、花が描かれます。「五三桐」では、左右の二本に三個の花、真ん中の花茎には五個の花が描かれています。「五七桐」では、左右の二本に五個の花、真ん中の花茎には七個の花が描かれています。

五百円硬貨の裏面にはタケとタチバナ、表面にはキリが刻まれています。

サンショウ

山椒

［科名］ミカン科［別名］ハジカミ（椒）［原産地］日本［花言葉］健康、魅惑、好意

＊雄株と雌株がないと実ができない！

この植物は、山に自生したり、家の庭に植えられたりします。春には、黄色がかった小さな花を多く咲かせます。この木の性質がよく知られていないため、「なぜ、サンショウの木には、花は咲くが実がならないのか」という悩みがもたれます。

サンショウでは、雄株と雌株が別々に分かれています。「雌雄異株《しゆういしゆ》」という性質で、イチョウと同じものです。

雄株は花粉をつくる雄花を咲かせ、雌株はタネや実をつくる雌花を咲かせます。そのため、実をつくるためには、雄株の雄花にできた花粉が雌株に咲く雌花につかねばなりません。一本の木では、実がならないのです。

この植物の幹や枝には鋭いトゲがあります。材は、すりこぎに使われます。これは、日本が原産地の植物ですから、その実とともに、英語では、「ジャパニーズ・ペパー」といわれます。「ペパー」は、コショウのことですから、「日本の胡椒」という意味になります。

この植物は、コショウと同じように、香辛料として使われます。その実は「小粒でピリリと辛い」といわれます。その実ははじけるので、「はじける実」や「はじけた実」という意味で、古くは、この植物は「ハジカミ（椒）」とよばれました。現在では、ハジカミはショウガを指すこともあります。

この植物の葉っぱには、強い香りがあります。この香りは、病原菌に感染されないためや、虫などの動物にかじられないために役立ちます。この葉っぱは、日本料理の食材となります。煮物に添えられたり、吸い物に浮かべられたり、「木の芽あえ」としても食されます。

コブシ

辛夷

［**科名**］モクレン科［**別名**］タウチザクラ（田打ち桜）、タネマキザクラ（種まき桜）、イモウエバナ（芋植え花）［**原産地**］日本の各地に自生［**花言葉**］友愛、友情

＊コブシの名前の由来は、「握りこぶし」

コブシの学名は、「マグノリア　コブス」であり、「マグノリア」は、モクレン属を示します。この語は、植物の分類に功績を残し、フランスのモンペリエ王立植物園の園長を務めた植物学者、ピエール・マニョルの名前にちなみます。コブスは、和名の「コブシ」を意味します。

モクレン属の植物は、コブシをはじめ、紫色の花を咲かせるモクレンや、白色の花を咲かせるハクモクレンが知られています。また、大きな花を咲かせるタイサンボクや、大きな葉っぱで知られるホオも、モクレン属の仲間です。

コブシという名前の由来は、手でつくる握りこぶし（拳）です。果実の形は、ゴツゴツしており、握りこぶしにそっくりです。あるいは、ツボミが開く前の形が子どものこぶしに似ているからともいわれます。

ハクモクレン

モクレン

ホオ

タイサンボク

千昌夫さんのヒット曲「北国の春」に歌われるように、この植物は春の訪れを象徴する花です。昔の農村では、この花が咲くのを暦の代わりに使っていたのです。花が咲けば田植えをはじめるので、「田打ち桜」とか「種まき桜」とよばれます。

＊「すれ違い夫婦」状態の花

多くの植物では、オシベとメシベが同じ花の中にあります。オシベがオスの生殖器、メシベがメスの生殖器です。これらの花は、両方の性を備えているので、「両性花《りょうせいか》」といわれます。

両性花では、「一つの花の中にあるオシベの花粉が同じ花のメシベについてタネができる」と思われがちです。でも、なるべく自分の花粉が自分のメシベにつくのを避けるための巧妙なしくみを身につけているものがあります。

そのしくみの代表的なものが、「雌雄異熟《しゆういじゅく》」というものです。これは、「一つの花の中にあるメシベ（雌）とオシベ（雄）が異なる時期に成熟する」という意味です。

たとえば、コブシ、モクレン、タイサンボクなどでは、花が咲いたときに、メシベが成熟しています。でも、オシベは成熟していないので、花粉は出ていません。ですから、成熟したメシベに、同じ花のオシベの花粉がつくことはありません。メシベは、別の株の花粉がつくのを待っているのです。

メシベが萎れてタネをつくる能力をなくしたころ、メシベのまわりのオシベが成熟して花粉を出します。メシベは萎れていますから、オシベの花粉がそのメシベについてタネができることはないのです。オシベの花粉は、別の株に咲く花のメシベに運ばれることが期待されているのです。オシベとメシベが成熟する時期をずらして接触することを避けているのです。「すれ違い夫婦」のようなものと考えれば、わかりやすいです。

＊二〇〇〇年後に咲いた「古代コブシ」の謎

イギリスのデービッド・アッテンボロー著『植物の私生活』(山と溪谷社)には、古代コブシの発見について、紹介されています。

「一九八二年に発掘された弥生時代の遺跡から、何の植物かわからない一粒のタネが見つかった。それをまくと発芽し、成長し、十一年後に、ツボミができ、花が咲いた。咲いたのはコブシの花であった。二〇〇〇年もの間、遺跡の中で眠っていたので、この木は『古代コブシ』と名づけられている。現在のコブシには花びらが六枚あるのに対し、そのコブシには八枚の花びらがあった。」という内容です。

この古墳は、山口県山口市の朝田《あさだ》墳墓群であり、アッテンボローの本にあるように、一九八二年に出土した一粒のタネが翌春に発芽して一九九三年にコブシの花が咲いたのです。

しかし、残念ながら、そのコブシは現在も毎年花を咲かせているのか、タネや接ぎ木で増やされていないのかなどの疑問は謎のままです。

＊平家を追い詰めたのは、コブシの白い花

一一八五年、現在の山口県下関市と福岡県北九州市との間で、源氏と平家の最後の合戦「壇ノ浦の戦い」が行われました。その戦いに敗れた平家の落武者たちは追っ手に追われ、命からがら、熊本県の山の中腹まで逃げのびました。

しかし、数日後の朝、目を覚ますと、山のふもとが落武者たちを取り囲むように真っ白に染

まっていました。真っ白の旗は源氏のしるしでした。ふもと一帯で、落武者たちに迫りくるように真っ白の旗が風に揺れていました。

落武者たちは、「源氏の追っ手が、自分たちを完全に取り囲んでいる」と悟りました。「もはや逃げのびることはできない」と覚悟を決め、全員が自決して果てました。

しかし、山を取り囲むようにしてふもとで風に揺れていたものの正体は源氏の白旗ではなかったのです。山のふもと一帯を真っ白に染めるように、いっせいに開花したコブシの白い花だったのです。

この植物の魅力の一つは、白い花の色です。しかし、この植物がこのような逸話に名をとどめているのは、花の色だけでなく、それらがいっせいに花を咲かせることであり、仲間とのつながりが魅力を生んでいるのです。

第四章

春を演出する草花たち

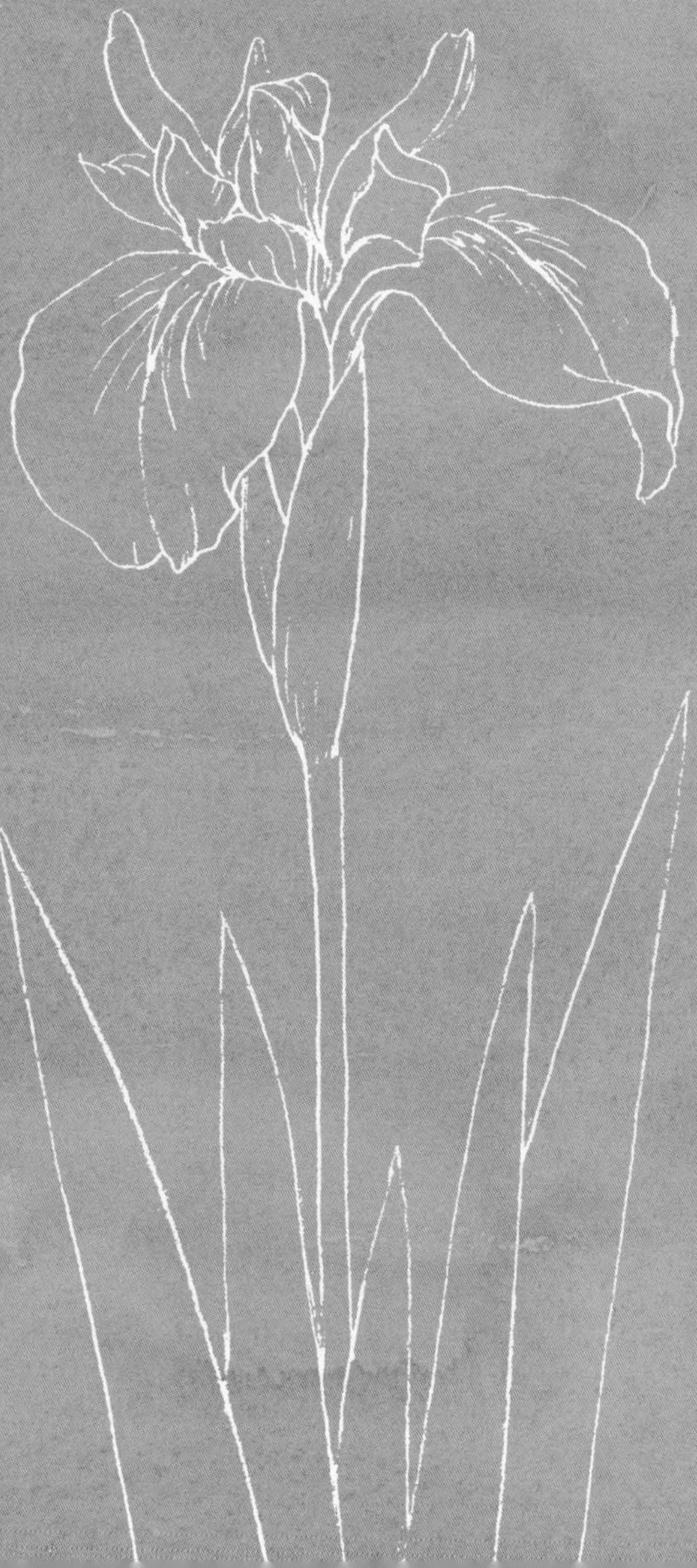

チューリップ

[科名]ユリ科[別名]ウッコンコウ（鬱金香）[原産地]西アジア［都道府県の木・花］新潟県、富山県［花言葉］思いやり

＊勘違いからつけられた名前

この植物は、春に、花壇や公園、イベント会場などを明るく彩り、春の雰囲気をはじけさせてくれます。

チューリップの名は、頭に巻くターバンのトルコ語「テュルパン」に由来します。昔、この花を見た神聖ローマ帝国の大使が、「何という名前か」と馬上から下を指さしました。

聞かれたトルコ人が頭に巻いているターバンを指さされていると勘違いして、「テュルパン」と答えました。その音が、「チューリップ」の語源です。

この植物は、原産地である西アジアのイラン、アフガニスタン、トルコの「国花」とされています。また、栽培が盛んな国であるオランダ、ハンガリー、ベルギーの「国花」にもなっています。

＊投機の対象となった花とは？

チューリップは、「バブルの元祖」です。十七世紀のオランダでは、人々は、人目をひくめずらしいチューリップを競って手に入れようとし〝チューリップ・バブル〟がおこりました。

チューリップの球根が投機の対象となって値上がりし、バブル現象となったのです。一個の球根が、ビール工場や馬車つきの大邸宅と交換されました。人々が競って手に入れようとした投機対象となったチューリップの絵が数多く残されています。赤地に白い縞《しま》の走る花や、花びらに白いレースのようなモザイク状の模様が入った斑入《ふい》りの花などを咲かせるものでした。

めずらしい斑入りのチューリップのつくり方として、「斑入りの花を咲かせる球根の一部を切り取って、別の球根に植え込むという方法が使われていた」といわれます。「そのような方法で、めずらしい斑入りの花を咲かせることができるのか」という謎は、二〇世紀になって科学的に解かれました。

これらのめずらしい斑入りのチューリップは、モザイク病という伝染病にかかったものだったのです。美しいモザイク状の斑入りのチューリップの奇妙なつくり方は、斑入りの病気にかかった球根の一部を別の球根に植え込むことで、モザイク病の病原菌を人工的に感染させ、モザイク病を伝染させていたのです。

＊ツボミは、寒さに耐えながら春を待っている

チューリップのツボミは、花が咲く前の年の夏に球根の中でつくられます。確かめようと思えば、かわいそうですが、秋に市販されている球根を買ってきて、包丁で真二つに切るのです。球根の真ん中に、小さなツボミが見つかります。

夏にツボミができるのなら、春まで待たずに、秋に花が咲いても不思議ではありません。春と秋の温度は、ほぼ同じだからです。でも、秋に芽を出して花が咲けば、その後の冬の寒さで、植物は枯れてしまいます。すると、タネはできないし、球根を大きく成長させることも、球根を増やすこともできません。そのため、ツボミは、寒い冬が通過したことを確認したあとでなければ、花咲かないのです。

球根は、冬の通過を確認するために寒さを体感しなければなりません。自然の中で春に花を咲かせる球根は、冬には、花壇の土の中で寒さを体感しているのです。冬の寒さに耐えながら、花咲く春の訪れをじっと待つのです。

しかし、花屋さんの店頭では、クリスマスやお正月のころから、色とりどりの花が咲いています。二月というもっとも寒い時期に、きれいに咲いているのです。

＊どうして、寒い時期に花が咲くのか？

「どうして、こんな寒い時期に、チューリップの花が咲いているのか」と問えば、「暖かい温室で栽培されているから」という答えが即座に返ってきます。

寒い時期に花を咲かせるために、暖かい温室で栽培されているのは事実です。だから、その答えが間違っているわけではありません。でも、何か物足りません。なぜなら、その答えは、チューリップが花を咲かせるために耐えている苦労に触れていないからです。

「冬に暖かい温室で栽培されたから」といって、チューリップの花は冬に咲くわけではないのです。チューリップは、「冬の寒さを自分のからだで感じて、冬の通過を確認しないと、花を咲かさない」という用心深い性質をもっているからです。

そのため、チューリップの花をクリスマスやお正月のころに人為的に早く咲かせるためには、球根を夏から約三〜四カ月間冷蔵庫に入れて、寒さを体感させねばなりません。そのあとで、暖かい温室で栽培すれば、花を咲かすことができるのです。

＊温度の変化を感じ取り、花が開閉する

チューリップの花は、規則正しく、朝に開き、夕方に閉じます。この開閉運動を、約一〇日間、繰り返します。朝に、花が開くのは、気温が上がることが刺激となっています。このことは、容易に確認できます。

朝早くに、まだ気温が高くない場所に置かれた鉢植えの花は、閉じたままです。これを、高

い温度の場所に移せば、花は開きはじめます。

チューリップの花が夕方に閉じるのは、温度が低くなることが刺激となっています。試しに、高い温度の部屋で開いた花を、温度の低い場所に移せば、花はすぐに閉じます。

チューリップの花の開閉は、気温の変化に対応して、毎日おこるのです。

＊花は徐々に大きくなるのか？

チューリップの花をよく観察していると、「初めて開いた花より、萎れるころの花が大きい」という印象がもたれます。これは正しいでしょうか。

一九五三年、イギリスのウッドはチューリップの花の開閉のしくみを知るため、一枚の花びらを外側と内側の二層に分けて水に浮かべました。そして、水の温度を七度から一七度に上げました。すると、花びらの内側は、その上昇に敏感に反応して、急速に伸びました。しかし、外側は、ゆっくりとしか伸びませんでした。

この結果は、「気温が上がると、花びらの内側が急速に伸び、外側の伸びが少ないために、外側に反《そ》り返る。それが開花現象となる」ということを示します。

逆に、温度を十七度から七度に下げると、花びらの内側はほとんど伸びないのに、外側は、急速に伸びました。この結果は、「気温が低下すると、花びらの外側が急速に伸びるのに、内側がほとんど伸びないため、開花のときにできた内側と外側の長さの差が消える。そのため、外側への反りがなくなり、閉花する」というしくみを示しています。

結局、花が開くときには花びらの内側がよく伸び、閉じるときには外側がよく伸びるということになります。そのため、開閉運動をする花は、そのたびに、大きくなるのです。
だから、「はじめて開いた花より、萎れるころの花が大きい」という印象は正しいのです。

＊なぜ、花が咲くと、花は切られるのか？

チューリップの産地では、花が咲くと、花が切られてしまいます。「なぜ、せっかく咲いた花を切ってしまうのか」という疑問がもたれます。

これは、花を咲かせたままにしておくと、タネをつくるために栄養が使われてしまうことが原因です。チューリップでは、栄養は球根を大きくするために使われなければなりません。

りっぱな球根をつくるには、花が咲いたあとタネをつくるために栄養が使われるのを避けねばならないのです。そのために、花は切り取られてしまうのです。かわいそうですが、「翌年に、多くのりっぱな花が咲くためにしかたがない」と思わねばなりません。

それなら、「花が咲く前に切り落とせばいいのではないか」との思いが浮かびます。花が咲くまで待つのには、別の理由があります。

咲いた花の花びらを見て、病気にかかっていないかを確認するためです。たとえば、モザイク病にかかっていると、花を咲かせると、花びらにモザイク状の症状が出るので、すぐにわかるのです。

また、花を咲かせることで、その株がつくる球根が、どんな色と模様の花を咲かせるかが確認できます。球根をつくった株の性質は、球根にそのまま受け継がれるからです。その結果、どんな色や模様の花を咲かせるかを示して、球根を販売することができるのです。

レンゲソウ

蓮華草

[科名] マメ科 [別名] ゲンゲ（紫雲英・翹揺）
[原産地] 中国 [都道府県の木・花] 岐阜県 [花言葉] 私の苦しみがやわらぐ

＊雑草ではない！　土を肥やす栽培植物

この植物は、「紫雲英」というきれいな漢名をもちます。「紫雲英」は、卵形の小さな葉がついた茎が地面を這うように育ち、紫色の花を畑一面に咲かせます。「紫雲」は、その様子を遠くから眺め、紫色の雲に見立てたものです。「英」は、うるわしい花を意味する文字です。

この植物では、チョウチョのような形をした花が輪を描くように咲きます。その様子が仏様の座られる蓮華台に似ているので、「蓮華草」とも書かれます。

レンゲソウは、田植え前の畑に育ち、雑草らしい印象がもたれますが、タネがまかれて栽培される植物です。

この植物の根には小さな粒々がついており、この中に、「根粒菌《こんりゅうきん》」という菌が住んでいます。根粒菌は、空気中の窒素を材料にして窒素肥料をつくり、それをレンゲソウの根に与えます。その結果、レンゲソウの葉や茎には、窒素が多く含まれます。その葉や茎を田植えの前に畑にすき込むと、窒素がしみだして、土地が肥えます。つまり、レンゲソウを栽培すれば、化学肥料を使わずに土を肥やせるのです。この植物は、ナノハナの項で紹介した、「緑肥作物《りょくひ》」なのです。

近年、レンゲ畑が減ってきました。田植えが機械化され、小さなイネの苗を植えるため、レンゲソウが十分に育つ前に田植えが行われます。レンゲソウが育つ期間が短くなり、土地を十分に肥やすのに役に立たなくなったのです。

しかし、最近、レンゲソウがすき込まれて土壌中でつくられる「ラク酸」や「プロピオン酸」などは、雑草の発芽や成長を抑制することが知られてきました。そのため、レンゲソウ・パワーに頼るイネ栽培が復活するかもしれません。

サクラソウ

桜草

クリンソウ

九輪草

サクラソウ

[科名] サクラソウ科 **[原産地]** 日本、朝鮮半島、中国 **[都道府県の木・花]** 埼玉県、大阪府 **[花言葉]** 初恋、淡い恋、純潔

クリンソウ

[科名] サクラソウ科 **[原産地]** 日本 **[花言葉]** 幸福を重ねる、物思い、物覚えのよさ

＊日本生まれの名がつく「サクラを咲かせる草」

江戸時代中期の俳人であった小林一茶《こばやしいっさ》が、サクラの花のような形をした花を咲かせる草を見て、「我が国は　草も桜を　咲きにけり」と詠んでいます。この植物が、サクラソウです。

サクラソウの学名は、「プリムラ　シーボルディ」です。サクラソウ属であることを示す「プリムラ」の語源は、「最初の」を意味します。これは、早春に多くの植物が花を咲かせるのに先駆けて、サクラソウが花を咲かせることにちなんでいます。

「シーボルディ」は、日本の多くの園芸植物をヨーロッパに持ち帰って紹介したシーボルトの名前に由来します。彼は、江戸時代、長崎（現在の長崎県）の出島に滞在していたドイツの医師です。

英語名として、「プリムローズ」が使われることがあります。これは、プリム（最初の）とローズ（バラ）と思われがちですが、「初めての子ども（プリメロール）」が転訛《てんか》したもので、バラとは関係ないといわれます。

日本産のサクラソウには、大型のクリンソウや小型のヒナザクラなどがあります。これらの学名は、それぞれ、「プリムラ　ヤポニカ」と「プリムラ　ニポニカ」です。種小名《しゅしょうめい》の「ヤポニカ」と「ニポニカ」は、ともに「日本生まれ」という意味で、これらが日本産の植物であることを示しています。

クリンソウは、春早くに、株の中心から花茎《かけい》を伸ばし、サクラソウと同じような花を咲かせます。花茎に階層状に花が咲く姿が、お寺の五重の塔などの上に立つ「九輪」に似ています。そのため、この植物に、「クリンソウ（九輪草）」の名がついたといわれます。

カキツバタ

杜若
燕子花

[科名]アヤメ科**[別名]**カオヨバナ（顔佳花）、カオヨグサ（顔佳草）**[原産地]**日本、中国**[都道府県の木・花]**愛知県**[花言葉]**幸福は必ずやってくる、幸せはあなたのもの

＊「菖蒲」は、アヤメか、ショウブか？

「花かるた（花札）」の五月の植物は、湿地に幅の狭い板を折れ折れにつないでかけた橋である「八橋《やつはし》」とともに描かれている「菖蒲」です（42ページ参照）。読み方からすると、アヤメかショウブが考えられます。

アヤメは、日当たりのよい乾燥した土地に生えるもので、八橋のかかるような湿地に育つものではありません。

花札は、「花合わせ」という賭博に使われることもあり、この絵札は「勝負をかける札」という意味で「ショウブ」と読むという説もあります。しかし、ショウブは、サトイモ科の植物で、絵札のような花は咲かせません。

ですから、「菖蒲」は、アヤメでもショウブでもなく、「ハナショウブ」とされることがあります。ところが、ハナショウブは八橋がかかるような湿地に育たないといわれることがあり、もう一つ別の植物が浮かび上がります。

それが、カキツバタです。この植物の花は、明るい青みがかった紫色であり、五月に見ごろになります。この植物の漢字名は「杜若」です。杜若は、ヤブミョウガという植物に当てられた漢字名ですが、混同されて、「この植物に『杜若』という字があてられた」といわれます。

また、この植物は、「燕子花」とも表記されます。燕子花は、キンポウゲ科ヒエンソウ属の別の植物を指すという説もありますが、現在、燕子花という漢名はカキツバタに使われます。

カキツバタは、江戸時代、尾形光琳《おがたこうりん》により、金色の屏風《びょうぶ》「燕子花図《かきつばたず》」として描かれています。これは、愛知県知立《ちりゅう》市八橋で描かれたものであり、国宝となっています。この縁で、カキツバタは「愛知県の県花」に選ばれています。

カキツバタという名前の語源は、昔、この植物の花の汁で、布にかきつけるので、「掻きつけ花」、あるいは、「書きつけ花」とよばれたことです。この「カキツケバナ」という名前から、やがて「カキツバタ」となったといわれます。

＊カキツバタの三大自生群生地

この植物には、「三大自生群生地」といわれる場所があります。愛知県の「小堤西池《こづみにしいけ》」、京都府の「大田《おおた》の沢《さわ》」、鳥取県の「唐川《からかわ》湿原」の三カ所です。

愛知県刈谷市の小堤西池は、広さ約二万三三〇〇平方メートルであり、五月中旬から下旬にかけてカキツバタが咲き誇ります。一九三八年に、国の天然記念物に指定されています。

京都市にある大田神社の「大田の沢」は、京都三大祭の一つである葵祭《あおいまつり》で知られる上賀茂《かみがも》神社の東約五〇〇メートルの場所にあり、五月上旬から中旬に、二〇〇〇〜二五〇〇平方メートルの沢に約二万五〇〇〇本の花が咲き誇ります。一九三九年、国の天然記念物に指定されています。

鳥取県岩美町の唐川にある湿原は、一万平方メートルを超え、五月中旬から六月初旬に、ものすごい数のカキツバタが花咲きます。一九四四年、国の天然記念物に指定されています。

＊「いずれアヤメかカキツバタ」の由来は？

「よく似ていて優劣がつけにくく、選択に迷うときに使われる言葉として、『いずれアヤメかカキツバタ』が使われるようになった」といわれます。これは、室町時代の軍記物『太平記』に書かれている話に由来します。

鵺《ぬえ》退治に功績のあった、平安時代末期の武将、源《みなもとのよりまさ》頼政は、仕《つか》えていた鳥羽院の身近にいる、菖蒲《あやめ》の前《まえ》（菖蒲御前とも）という女官《にょかん》に思いを寄せていました。

それを知った鳥羽院は、「この中から、『菖蒲の前』を首尾よく選べたら、彼女を褒美として娶《めと》らせる」と、一二人の美女（一説には、三人とも、五人とも）を紹介しました。

頼政は、あまりの美女揃いのために、どれが菖蒲の前なのかの区別がつかず困り果て、「五月雨《さみだれ》に　沢辺《さわべ》のまこも　水越《みずこ》えて　いずれ菖蒲《あやめ》と　引きぞわづらう」と詠います。

「五月の雨で川が増水して、岸に生えるマコモ（川や池に育つ大型のイネ科の植物）とアヤメとの区別がつかなくなるように、一二人のうちの誰が『菖蒲の前』なのかわからなくなった」という意味です。

鳥羽院はこの歌に感心し、めでたく、頼政は菖蒲の前を娶ることができました。この逸話から、「いずれアヤメかカキツバタ」という言い方が生まれたとされます。

＊アヤメ、カキツバタ、ショウブの見分け方は？

アヤメとカキツバタは、ともにアヤメ科の植物で、姿や花の形がよく似ています。花が咲くころはほぼ同じですが、花びらのもとに特徴的な違いがあります。

アヤメは花びらのもとに網目の模様がありま す。それに対し、カキツバタは花びらのもとに網目の模様はなく、白い眼のような形をした模様があります。

この二つに似たものとして、ハナショウブがあります。これもアヤメ科の植物で、花の形は似ています。花びらのもとに網目状はなく、黄

アヤメ

ハナショウブ

ショウブ

色い眼のような形をした模様があることで、アヤメやカキツバタと識別されます。

この三種類以外に、よく混同される植物に、「ショウブ」があります。これは、アヤメ科ではなく、従来はサトイモ科とされ、近年はショウブ科とされます。

ショウブの花は、アヤメ、カキツバタ、ハナショウブとは似ても似つかぬものです。花の色は黄緑色で、花咲くときの姿は、〝ガマの穂〟のような状態です。

五月五日の「端午《たんご》の節句」は、「菖蒲《しょうぶ》の節句」ともいわれ、このときの「菖蒲」は、験《げん》を担ぐ意味から「勝負」と掛け言葉で「ショウブ」と読まれます。この日、この植物は、ヨモギとともに、「しょうぶ湯」に使われ、お風呂には、芳香が漂います。

コラム

なぜ、花はきれいな色で装うのか？

花々の装いに使われる色の正体は、おもに、「アントシアニン」と「カロテノイド」という物質です。

アントシアニンは、赤い色や青い色の花に含まれます。アサガオやシクラメンなどの赤色の花や、キキョウやパンジーなどの青色の花などの色です。カロテノイドは、黄色や少しピンクがかった赤色で、あざやかさが特徴です。マリーゴールドなどの花の色です。

植物がこれらの色素で美しくきれいに装う理由は、虫や小鳥たちに目立って、花粉を運んでもらうためですが、大切な理由がもう一つあります。それは、植物たちの紫外線対策です。

紫外線は、植物にも人間にも、からだに当たると、「活性酸素」という物質を発生させます。活性酸素とは、からだの老化を促し、多くの病気の原因となる有毒な物質なのです。

そのため、自然の中で、植物は、紫外線から、自分たちのからだだけでなく、花の中で生まれてくるタネを守らなければなりません。ですから、紫外線が当たって生み出される有害な活性酸素を、花の中から消去しなければなりません。

そこで、植物は、活性酸素を消し去る働きをする「抗酸化物質」とよばれるものをつくります。抗酸化物質の代表は、ビタミンCとビタミンEです。それら以外、植物がつくる代表的な抗酸化物質が、アントシアニンとカロテノイドという、花びらをきれいに装う物質です。

植物は、これらの色素で花を装い、花の中で生まれる子どもを守るのです。植物たちが、花をきれいに装うのは、紫外線で生み出される有害な活性酸素を消去するためであり、植物たちの生き残り戦略の一つなのです。

カーネーション

[科名] ナデシコ科 **[別名]** オランダセキチク（オランダ石竹）、オランダナデシコ（オランダ撫子）、ジャコウナデシコ（麝香撫子）**[原産地]** 地中海沿岸地方 **[花言葉]** 無垢で深い愛

＊「神聖な花」という意味をもつ花

この植物の名前は、「冠《かんむり》の飾り」を意味する「コロネーション」、あるいは、原種の花の「肉の色」にちなむ「インカーネーション」に由来するといわれます。

属名は、「ダイアンサス」で、この語は、「ダイオス（神聖な）」と「アンソス（花）」からなり、「神聖な花」、あるいは、「神の花」を意味します。ナデシコも同じ仲間であるため、ダイアンサスはナデシコが市販されるときの商品名に使われることがあります。

この植物は、日本には、江戸時代にオランダからもたらされました。享保年間に刊行された園芸書『地錦抄録《ちきんしょうろく》』（一七三三年）に、「アンジャベル」という名前で渡来したことが記されています。

別名として、オランダセキチク、オランダナデシコ、ジャコウナデシコの別名をもちます。セキチクは、当時すでに日本にあった中国原産のナデシコの仲間です。

近年は、四季咲きの品種がありますが、本来、春から初夏に花咲く、夏の暑さに弱い植物です。八重咲きの品種が主流ですが、原種の花びらは五枚で、ジャコウナデシコといわれたように、強い香りをもっていたようです。

＊「カーネーション事件」の真相

ある年の「母の日」に「カーネーション事件」がおこりました。この日のために、栽培地の長野県から大阪駅に向けて、貨車でカーネーションが出荷されました。しかし、それらのツボミは開花することなく萎れてしまったのです。

その原因が調べられると、このカーネーションは、リンゴの詰まった箱といっしょに貨車で運搬されていたことがわかりました。

同じ貨車に積まれていた成熟したリンゴから、「エチレン」という気体が放出されたのです。カーネーションの花は、エチレンに敏感に反応して、萎れるのです。空気中に八万分の一という低い濃度で含まれるだけで、ツボミは、花開かず、萎れてしまうのです。

開いた花は、自分で発生させるエチレンでも萎れてしまいます。そこで、カーネーションの切り花は、エチレンがなるべく発生しないような持ち方をしなければなりません。

その持ち方とは、花が下になるように、ぶら下げることです。花を聖火リレーのトーチのように掲げたり、抱きかかえるように横にしてはいけないのです。花が下になるようにぶら下げると、エチレンの発生量が少ないからです。

切り花として市販されるときには、日持ちがするように、発生するエチレンの作用を抑制する「チオ硫《りゅう》酸《さん》銀《ぎん》錯《さく》塩《えん》」という薬品を吸収させていることもあります。

また、切り花として長持ちさせるため、品種改良が行われてきました。エチレンを発生させる量が少ない品種どうしの交配が繰り返されました。その結果、ほとんどエチレンを発生せず、「従来品種の三倍長持ちする」といわれる品種が生まれました。

それが、「ミラクル・ルージュ」です。花が三倍も長持ちするので、ミラクル（不思議な）であり、ルージュは「頬紅」や「口紅」を意味し、花の赤色を表しています。

現在では、「ミラクル・シンフォニー」という同じ性質の、白色の花に赤い絞《しぼ》りが少し混じる品種も開発されています。

＊青い色の花を咲かせるカーネーションとは？

カーネーションは、バラとキクとともに「三大切り花」といわれます。これら三種類の植物に共通するのは、青色の花が咲かないことです。青色の花を咲かせるためには、花びらの中に、「アントシアニン」の一種である「デルフィニジン」という青色の色素がつくられねばなりません。

ところが、これらの植物は、この青い色素をつくるための遺伝子をもちません。そのため、青色の花が咲かないのです。

そこで、研究者たちは、一九九〇年ごろから、近年発達してきた「遺伝子を組み換える」という技術を使って、青色の花を咲かせることに挑戦しました。

三大切り花の中で最初に青色の花が咲いたのが、カーネーションでした。青い花を咲かせるペチュニアから青色の色素をつくる遺伝子を取り出してカーネーションに組み込み、一九九五年に、青い花を咲かせる「ムーンダスト」という品種がつくりだされました。続いて、いくつかの品種が生まれ、現在は、六種が市販されています。

しかし、これらは、ペチュニアの青色の花のように、真っ青ではなく赤紫色を帯びています。そのため、「青みがかった花」という表現が正しいかもしれません。花びらの中でつくられた真っ青の色素であるデルフィニジンが、花びらの酸性度などにより、赤みを帯びているのです。

バラでも「青い色の花が咲いた」といわれますが、少し赤みを帯びて紫色の花になっています。花びらの中の酸性度により、アントシアニンの色が変わることは、アサガオの項（190ページ）の実験で紹介しています。

スミレ

菫

［科名］ スミレ科 **［別名］** スモウトリグサ（相撲取草）**［原産地］** 日本、東北アジア **［花言葉］** 謙虚、誠実、小さな幸せ

＊なぜ、花咲かないツボミができるのか？

スミレを栽培している人には、「ツボミができたので花が咲くのを楽しみにしていると、そのツボミは開かなかった。でも、不思議なことに、気がつくと、そんなツボミにもタネがいっぱいできていた」というような経験をすることがあります。

これは、スミレには、開くことがないツボミがあるためで、「閉鎖花《へいさか》」とよばれますが、ツボミのままいつのまにかタネをつくります。ツボミの中で、自分の花粉をメシベにつける自家受粉をして、自家受精《じかじゅせい》をしてタネをつくるのです。

この植物は、春に普通の花を咲かせます。虫やチョウチョを引き寄せるきれいな花を咲かせ、開いた花は他の株の花粉がついて、いろいろな性質をもつタネをつくります。だから、虫に託して、他の株の花と花粉のやり取りをし、健全な子孫つくりをしているのです。

しかし、春を過ぎると、他の株の花粉がついて、きちんと子孫（タネ）をつくれたか、心配になってくるのでしょう。閉鎖花をつくり、その中でタネをつくるのです。

自分の花粉を自分のメシベにつけるだけなので、自分と同じ性質のタネしか残せません。しかし、虫やチョウチョに頼ることなく、確実にタネを残すことができます。

普通に咲いた花に他の株の花粉がつかずにタネができなかったとき、閉鎖花は確実に自分の子孫を生きのびさせるための保険です。

しかも、虫やチョウチョを引き寄せるための蜜をつくる必要はありません。大きな花びらもいい香りもつくる必要はありません。この保険にはコストがあまりかからないので、植物にとっては、都合がいいのです。

スイートピー

［科名］ マメ科 **［別名］** ジャコウエンドウ（麝香豌豆）、ジャコウレンリソウ（麝香連理草）**［原産地］** 地中海のシチリア島 **［花言葉］** 私を覚えていて、別離、門出

＊ヒット曲から生まれた赤い花！

この植物は、江戸時代の末に日本に入ってきたといわれています。その後、それなりに身近に栽培されていました。しかし、この植物が現在のように多くの人々に知られるようになったのは、一九八二年、松田聖子さんが歌った「赤いスイートピー」という曲がヒットしたことが貢献しています。「心の岸辺に咲いた赤いスイートピー」「線路の脇のつぼみは赤いスイートピー」「心に春が来た日は赤いスイートピー」のように、この花の色は歌われています。

歌のタイトルである「赤いスイートピー」に誘われて、多くの人が「スイートピーの真っ赤な花を見たい」と思いました。ところが、当時、花屋さんに行っても、あざやかな真っ赤な花には出会えませんでした。スイートピーには、白色、桃色、薄紫色などの花はありましたが、あざやかな真っ赤な花を咲かせる「赤いスイートピー」は存在していなかったのです。

この曲がヒットしてからあわてて、あざやかな真っ赤な花を咲かせるスイートピーの品種がつくりだされ、話題になりました。そのため、現在は、あざやかな真っ赤なスイートピーの花を見ることができます。

「スイートピー」という名前は、「甘い（スイート）香りと豆（ピー）にちなむ」といわれます。ピーは豆の中でも、特にエンドウマメに使われる語であり、この植物の葉っぱの形はエンドウマメの葉っぱによく似ています。スイートは、「甘い香り」でなく、「甘い味」という説もありますが、この植物は有毒物質「アミノプロピオニトリル」を含んでいるので、甘いかどうか味わうことは危険です。

ユリ

百合

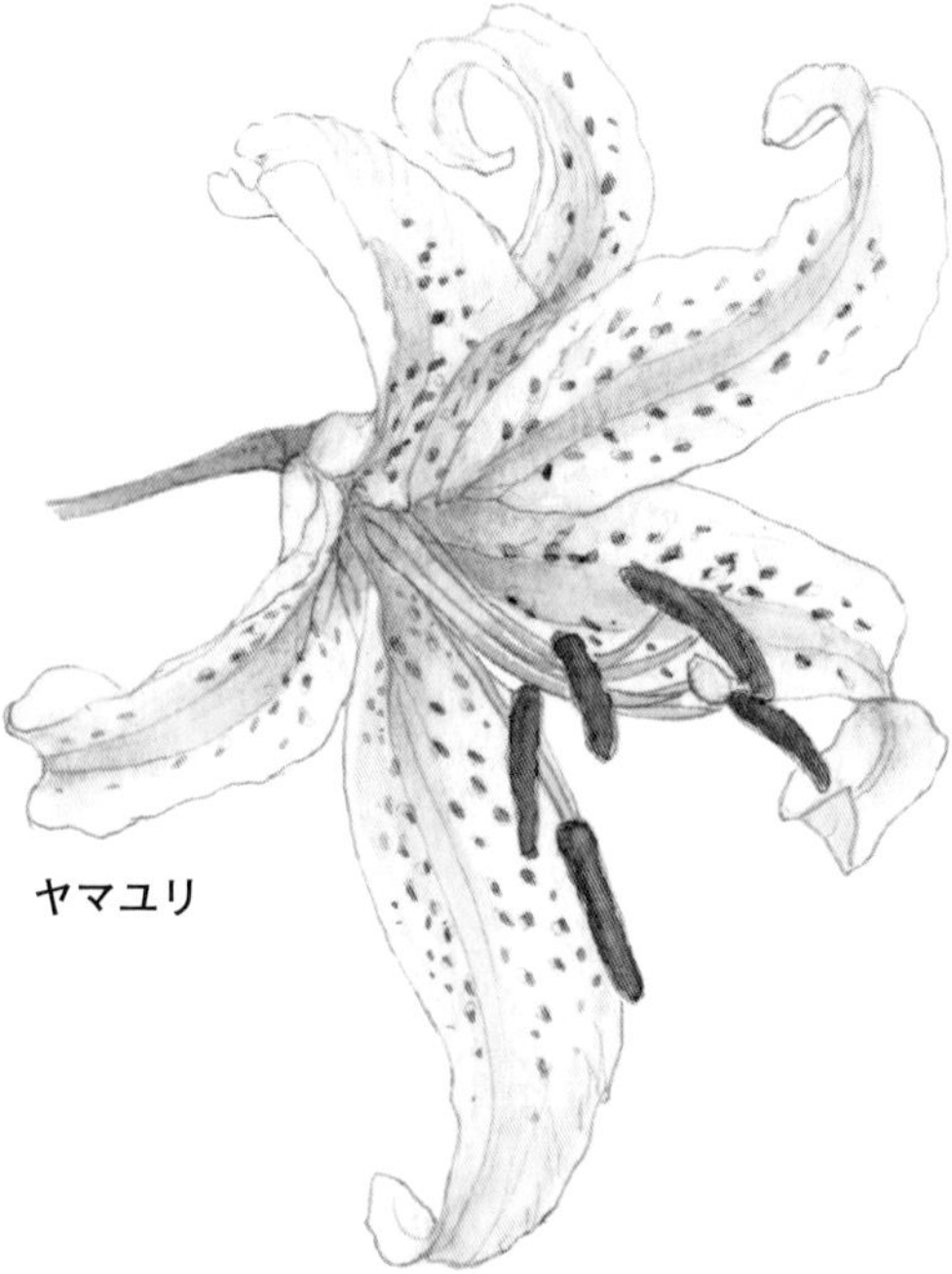

ヤマユリ

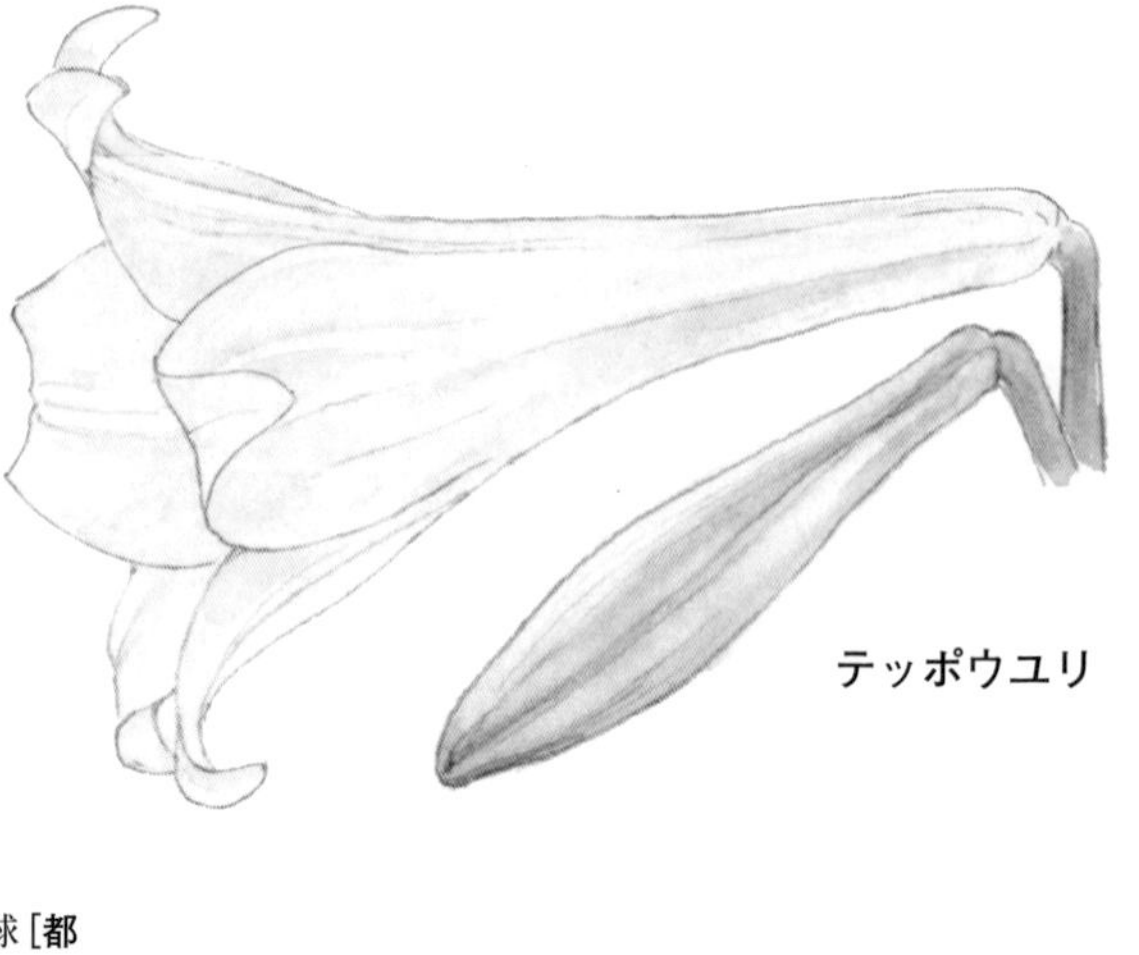

テッポウユリ

ユリ（全般）

[科名] ユリ科 **[原産地]** 北半球 **[都道府県の木・花]** 神奈川県（ヤマユリ）、石川県（クロユリ）**[花言葉]** 純粋、無垢、威厳

＊きれいな花だけれど、花粉の処理が大変！

「ユリ」という植物名は、ユリ科ユリ属の植物の総称です。ユリ属の学名に使われるラテン語は、「リリウム」で、「白い花」を意味します。

ユリの花は、六枚の花びら（花弁《かべん》）が印象的ですが、植物学的には、三枚が花びらで、三枚が萼《がく》です。六本のオシベの先端にある花粉の表面には、油の成分が含まれています。

花粉が衣服についた場合、払い落とそうとすれば、よけいにへばりつきます。「乾くまで待って払い落としたり、乾いてから粘着テープで取り去ったりするのがいい」といわれます。

生花店では、咲いたユリの花の花粉は取り除いて販売されています。それでも、購入時にツボミであったものが飾っている間に花開き、多くの花粉が出てきます。真白の花びらに黄色や赤茶色の花粉がへばりつくだけでだらしない感じになり、ユリの花の真っ白な高貴なイメージは損なわれます。そのため、購入後は、花粉を包み込んでいる袋状の葯がはじけて花粉が出る前に、開いた花から葯を取り去るという面倒な努力をしなければなりません。

こんな事情を背景に、秋田県農林水産技術センター農業試験場が、花粉のないユリの品種「秋田プチホワイト」を生み出しました。二〇〇三年に品種登録がなされ、花粉がないので大人気になるかと思われましたが、意外と人気になっていません。この品種は、花粉がなくなるとともに、香りも弱くなったためかもしれません。

＊「日本は、ユリの宝庫」の根拠は？

ユリの原種は、世界中に広くあり、日本にも古くから自生しています。そのため、『万葉集』

や『古今和歌集』にも、ユリが詠まれた歌があります。サクラソウの項(106ページ)で紹介したドイツ人の医師シーボルトは、日本に滞在中に訪れた土地で植物の調査を行い、帰国後、それをもとに『日本植物誌』を著しました。その中でユリも紹介され、日本の美しいユリは世界から注目され、「日本は、ユリの宝庫」という言葉が生まれました。

日本が原産地とされる代表的なユリの一つはヤマユリ(山百合)で、その学名は、「リリウム　アウラツム」です。アウラツムは「黄金色」を意味し、花びらの中央にある黄金色の筋にちなんでいます。その風格から「ユリの王様」といわれることもあり、ヤマユリが多く自生する神奈川県では、「県の花」に選ばれています。

庭や花壇で多く栽培され、切り花としても利用されるテッポウユリ(鉄砲百合)も日本原産とされるものです。その学名は、「リリウム　ロンギフロラム」で、ロンギフロラムは、「長い形の花」を意味し、花の姿にちなみます。そのほかに、日本の原産とされるのは、カノコユリ(鹿の子百合)、ササユリ(笹百合)やタモトユリ(袂百合)などです。

これらのユリを交配して、オランダで育成されたのが、「カサブランカ」です。これは、スペイン語で、「白い(ブランカ)家(カサ)」を意味します。このユリは、「ユリの女王」といわれます。

その理由は、優雅な香りのためでしょう。その香りは、あまりに強く、レストランなどでは主役である料理の香りをしのぐので、嫌われることがあります。そのため、切り花の切り口から吸収させて香りを消す薬剤が開発されています。

コラム

白色の花の紫外線対策は？

植物たちが、花びらを美しくきれいに装うのは、虫や小鳥たちに目立って、花粉を運んでもらうためだけでなく、きれいな色素で、紫外線が当たって生み出される有害な活性酸素を消去するためであることを、コラム「なぜ、花はきれいな色で装うのか？」（113ページ）で紹介しました。

では、「きれいな色をもたない白色の花は、紫外線に対して、どのような対策をしているのか」という疑問が残ります。

白色の花には、「フラボン」や、「フラボノール」という名前の色素が含まれています。それらも紫外線の害を消去する抗酸化物質なので、紫外線対策はなされているのです。

ただ、これらの色素は、白色の色素ではなく、無色透明か、薄いクリーム色なのです。そのため、それらの色素しか含まなければ、花びらは白色には見えません。

ところが、花が白色に見える理由は、花びらの中に多くの空気の泡が含まれるからです。小さな泡があると、光が当たったときに反射して、白く見えるのです。

たとえば、水しぶきは滝などでは白く見えますが、滝に流れている水は普通の水です。石鹸の泡も白いですが、アワを集めると、石鹸水の色になります。これらは、小さな空気の泡が、白く見えているのです。

同じように、白色の花びらの中には小さな泡が含まれていて、それらが花を白く見せているのです。

ですから、白い花の花びらから泡を追い出したら、白色でなくなります。一枚の花びらを取り出して親指と人差し指で強く押しつけてみてください。その部分は透明になります。

第五章

初夏に花咲く植物たち

タチバナ

橘

[科名] ミカン科 **[別名]** ニッポンタチバナ（日本橘）、トコヨグサ（常世草）**[原産地]** 日本 **[花言葉]** 追憶、永遠

タチバナの実

＊文化勲章のデザインに使われる植物

この植物は、『万葉集』では、ハギ、ウメなどに続いて多くに詠まれ、六八首に登場します。

昔は、この果実は、不老不死の力をもつものとして尊《とうと》ばれました。そのため、東京へ遷都《せんと》されるまでの皇居であった京都御所の紫宸殿《ししんでん》や、京都三大祭の一つである時代祭《じだいまつり》で知られる平安神宮の社殿には、「左近《さこん》の桜」に対する「右《う》近《こん》の橘」として、この木が植えられています。

この植物は、葉が一年中緑に輝く常緑樹なので、永遠の発展を願う家紋として多く使われています。また、永遠であるべき文化の勲章にふさわしいという趣旨から、この植物の五弁の花が文化勲章のデザインに使われています。

「学問の神様」として名高いのは菅原道真《すがわらのみちざね》ですが、「お菓子の神様」とは誰でしょうか。弥生時代の十一代の天皇とされる垂仁《すいにん》天皇（紀元前六九年〜紀元後七〇年）の時代を生きた田道《たじ》間守命《まもりのみこと》なのです。これにまつわる言い伝えは次のようなものです。

垂仁天皇の命を受けた田道間守命は、不老不死をもたらすタチバナの果実を探しに中国に旅に出ました。一〇年後、彼が持ち帰ったタチバナの木が植えられたのが、現在の和歌山県海南市にあり、田道間守命を祀《まつ》る橘本《きつもと》神社の近くの「六本樹の丘」といわれます。この果実が、現在のミカンの原種とされているのです。

お菓子のなかった当時は、タチバナの果実を加工して、お菓子として食べていました。そのため、タチバナの果実は「お菓子の元祖」であり、それをもたらした田道間守命は「お菓子の神様」とよばれます。田道間守命の生まれ故郷とされる兵庫県豊岡市にある中嶋神社でも、「お菓子の神様」が祀られています。

ハナイカダ

花筏

[科名] ミズキ科 **[別名]** ヨメノナミダ（嫁の涙）**[原産地]** 日本、中国、朝鮮半島 **[花言葉]** 嫁の涙、気高い人、移り気

雌株の実

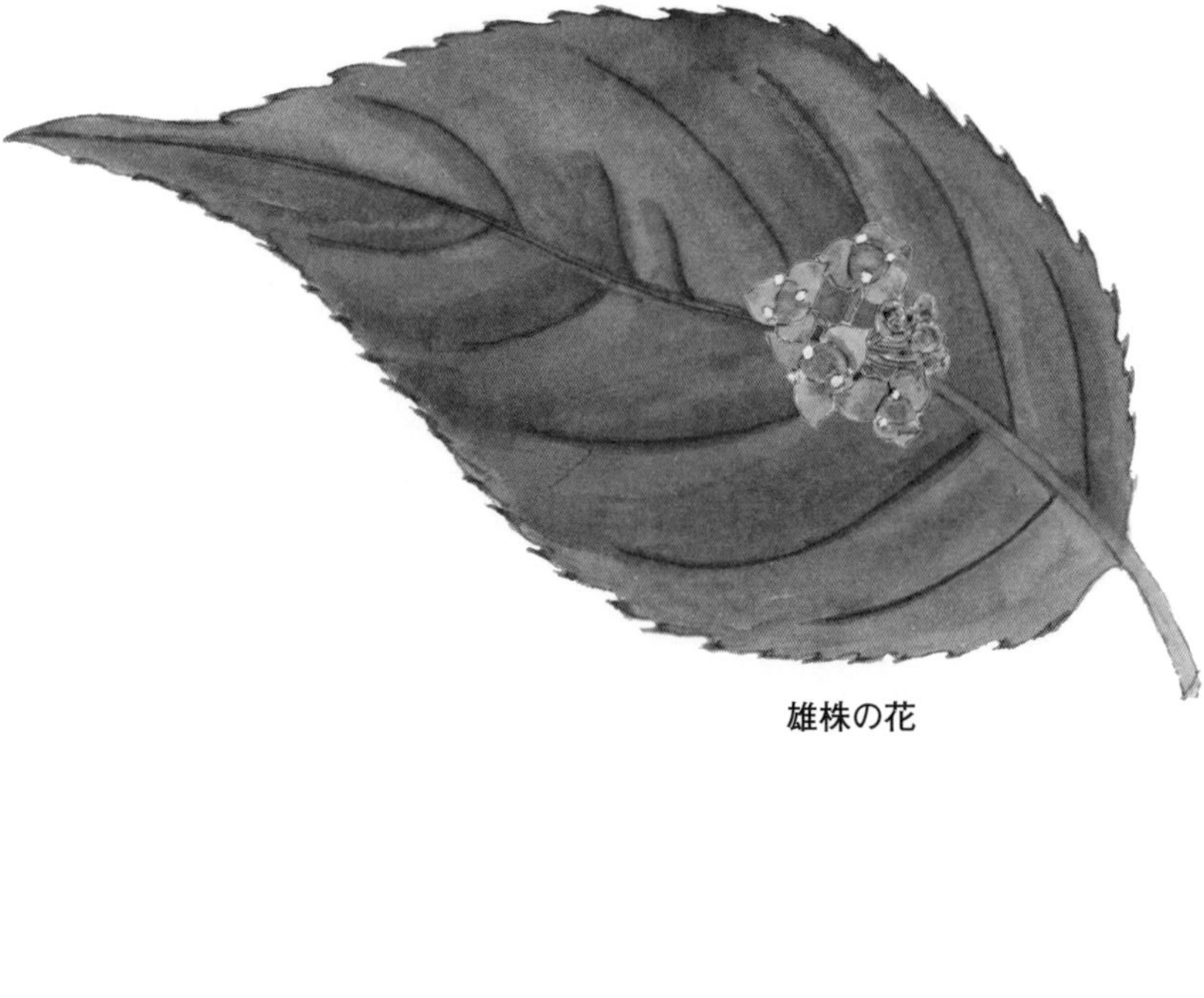

雄株の花

＊なぜ、葉の真ん中に花が咲くのか？

この植物の学名は、「ヘルウィンジア　ヤポニカ」で、「ヘルウィンジア」はハナイカダ属を示し、「ヤポニカ」は日本生まれを示します。

これは、雌花と雄花が別々の木に咲く「雌雄《しゆう》異株《いしゅ》」です。初夏に葉っぱの中央に、小さな白色の三〜四枚の花びらからなる花が咲き、雌株では、秋にはその花が咲いていた位置に、黒い実がつくられます。お寺の境内などで、見かけることが多い樹木です。

花や実が葉っぱの真ん中にポツンと乗った姿は、印象的で、めずらしいものです。その花や実の姿が、筏《いかだ》を操《あやつ》る人に見立てられ、この植物には、「花筏」という名がつけられています。

雄株では、一枚の葉っぱに数個の花が咲き、雌株では、一枚の葉っぱに一個の花の場合が普通です。そのため、秋には、葉の真ん中にポツンと黒い実が一個だけ乗っているのです。

「なぜ葉の真ん中に花が咲くのか」と疑問に思われます。これには、その成り立ちについて、植物学的に推論することはできます。

一般的な植物の場合、花には花を支える柄があり、「花柄《かへい》」とよばれます。葉にも柄があり、「葉柄《ようへい》」といわれます。花と葉は、枝の同じ場所から出ます。ということは、花柄と葉柄は同じ場所から出るのです。

本来は、花柄と葉柄は、同じ場所から二つに分かれて出るものですが、この植物では、花柄が葉柄とくっついてしまったのです。

葉柄の先は、葉の中央にある太い葉脈《ようみゃく》につながっています。だから、この植物の花柄は葉柄とくっついた上に、葉の中央にある太い葉脈の途中まで伸び、そこで花咲いているのです。そのため、葉の真ん中で花が咲くように見えます。

ヤマブキ

山吹

［**科名**］バラ科［**別名**］オモカゲグサ（面影草）［**原産地**］日本、中国［**花言葉**］気品、崇高、富裕

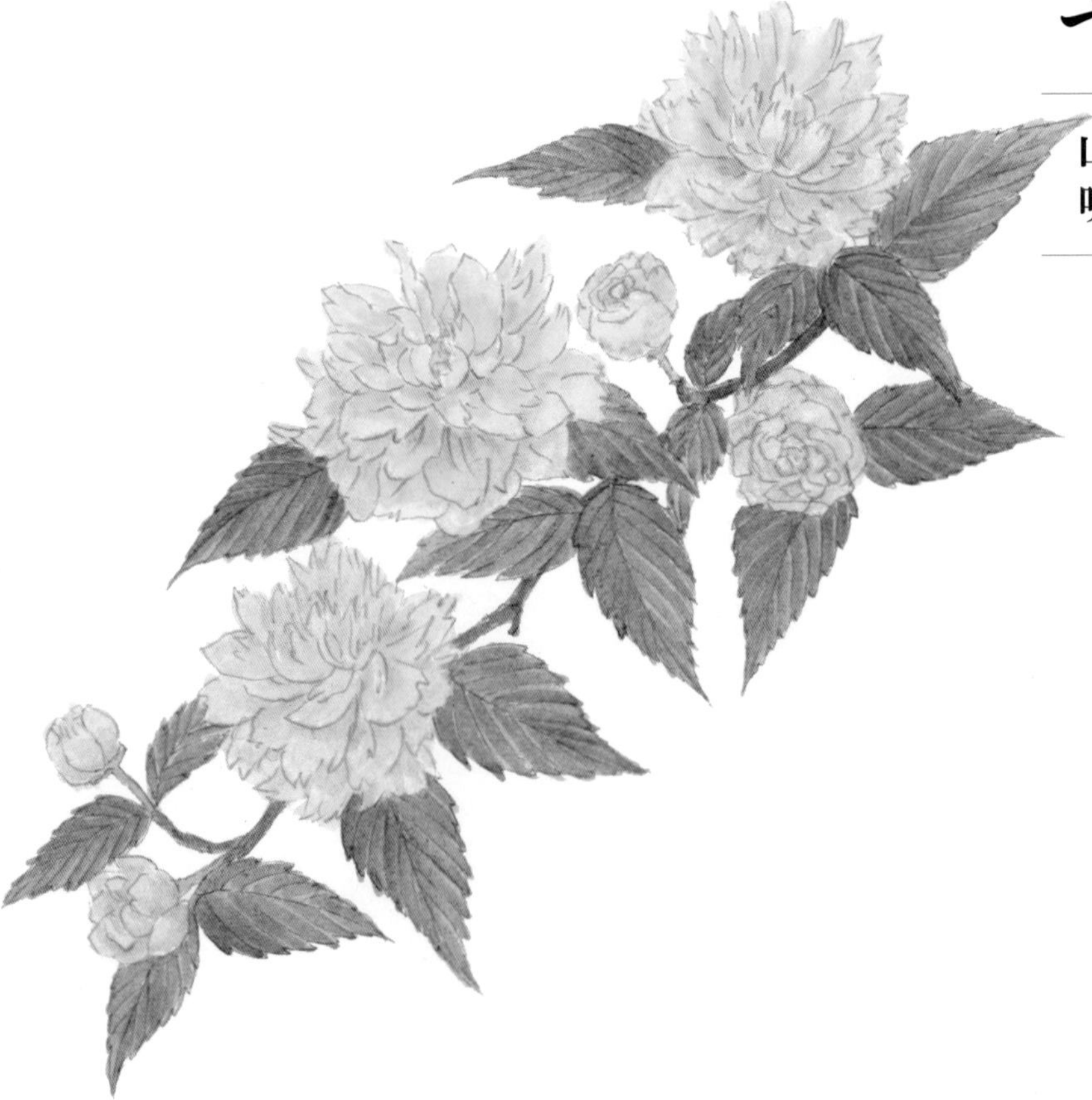

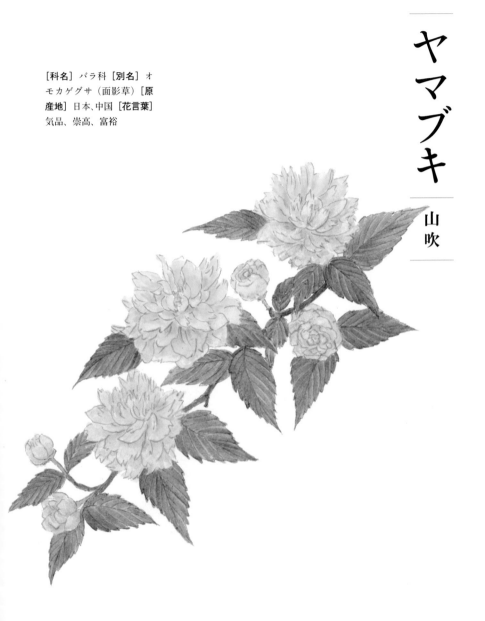

＊英語名は、「ジャパニーズ・ローズ」

いくつかの植物が、「日本のバラ」を意味する英語名で、「ジャパニーズ・ローズ」とよばれます。この名称は、ツバキ、ノイバラ、ハマナスに使われるのですが、五月ごろに花を咲かせるヤマブキも、この名前でよばれることがあります。春に、この植物には、あざやかな黄金色の花が咲きます。この花がバラのような印象をもたらすのです。

この植物の学名は、「ケリア　ヤポニカ」です。「ケリア」という属名は、スコットランドの植物学者ウイリアム・ケリの名前に由来し、「ヤポニカ」は、日本生まれを意味しています。

＊太田道灌を発奮させた一枝とは？

この植物では、江戸城を建てた太田道灌《おおたどうかん》が勉学に励むきっかけになったという、次のような逸話が語り継がれています。

室町時代、武将であった太田道灌が、鷹狩りの下調べのため山に入りました。季節は、春でした。ところが、山道でひどい雨が突然に降り出してきました。彼は、山道沿いにぽつんとあったひなびた農家の軒に身を寄せて、雨が止むのを待ちました。しかし、雨はいっこうにおさまる様子はありません。そこで、家の中に人の気配がしていたので、彼は声をかけました。

戸が開き、一人の娘が静かに姿を現しました。道灌は事情を説明し、「雨よけに、蓑《みの》を貸してもらえないか」と頼みました。蓑は、雨をよけるために身に着けるものであり、現在なら、「傘かレインコートを貸してほしい」と頼んだことになります。

応対して話を聞き終わった娘は、黙って一礼をして、家の奥に姿を消しました。道灌は、蓑を貸してもらえるものと思いました。ところが、しばらくして、再び現れた娘の手には、蓑ではなく、一本の切り枝が握られていました。

枝には、あざやかな八重《やえ》のヤマブキの花が咲いていました。娘は、道灌に丁寧に一礼をして、黙ってヤマブキの枝を差し出しました。道灌には、意味がわかりませんでした。「なぜ、蓑を借りたいと頼んだのに、ヤマブキの花の枝なのか」と合点がいきませんでした。

しかし、娘の落ち着いた立ち居振る舞いと、毅然とした風情に、気持ちが圧倒されてしまい、道灌は、黙って差し出された枝を受け取り、その場を立ち去らざるを得ませんでした。彼は、どしゃぶりの雨の中を、城まで濡れながら急いで帰りました。

道灌は、持ち帰ったヤマブキの一枝を部屋の花瓶に生け、訪ねてくる人ごとに、その枝を見せながら、できごとの一部始終を語りました。それを聞き終わって、多くの人は、道灌と同じように、「どういうことなのか、わけがわからない」という様子でした。

ところが、あるとき、詩歌に秀でた歌人であった客が、話を聞き終わったあと、筆を手に取り、すらすらと和紙に兼明親王《かねあきらしんのう》の歌を書いて、道灌に差し出しました。「七重八重《ななえやえ》　花は咲けども　山吹の　実《み》の一《ひと》つだに　なきぞ悲しき」と書かれていました。

＊八重咲きの品種は実をつけないことが多い

この歌には、詠んだ人の深い気持ちが込められているのでしょう。その気持ちはさておき、この歌には、「八重咲きのヤマブキの花は、実をつけることがない」というヤマブキの性質が詠み込まれていました。

多くの植物で八重咲きの品種がつくられていますが、多くの場合、八重咲きの花は、オシベやメシベが花びらに変化したものです。だから、オシベがなかったり、メシベがなかったりすることが多いのです。

八重咲きのヤマブキも、オシベが花びらに変化して八重になっており、メシベが退化しているために、実をつけることがありません。

道灌は、差し出された歌を読んで、ハッとしました。合点のいかなかった話のすべての意味がやっとわかったのです。娘の差し出した八重のヤマブキの花が咲く一枝には、「実の一つだに　なきぞ悲しき」に「蓑一つだに　なきぞ悲しき」の意味が込められていたのでした。

娘は、この枝に「せっかく頼まれたのに、お貸しする蓑は一つもないほどの貧しい暮らしぶりであることを悲しく思う」との気持ちを込めていたのです。一本の枝に、「自分の貧しい暮らしぶりを悟ってほしい」との思いを託して、道灌に丁重に断りを告げていたのです。

道灌は、そのような娘の気持ちを理解することができなかった自分のあまりの無学さを、ひどく恥じました。切り枝に託した娘の気持ちに思い至らず理解できなかったことに、申し訳ない思いで胸がいっぱいとなりました。腹を立てるように、娘の前から立ち去ってきた自分の浅はかさを情けなく思いました。

娘の教養の高さに感服した太田道灌は、その後、懸命に勉学に励み、江戸城を立てるほどの人物に出世しました。また、歴史上、学問、文学に造詣が深く、和歌、連歌などの詩歌に長じた人物として歴史に残るまでになりました。

ヤマブキは、人間を発奮させる力をもつ植物なのです。

アジサイ

紫陽花

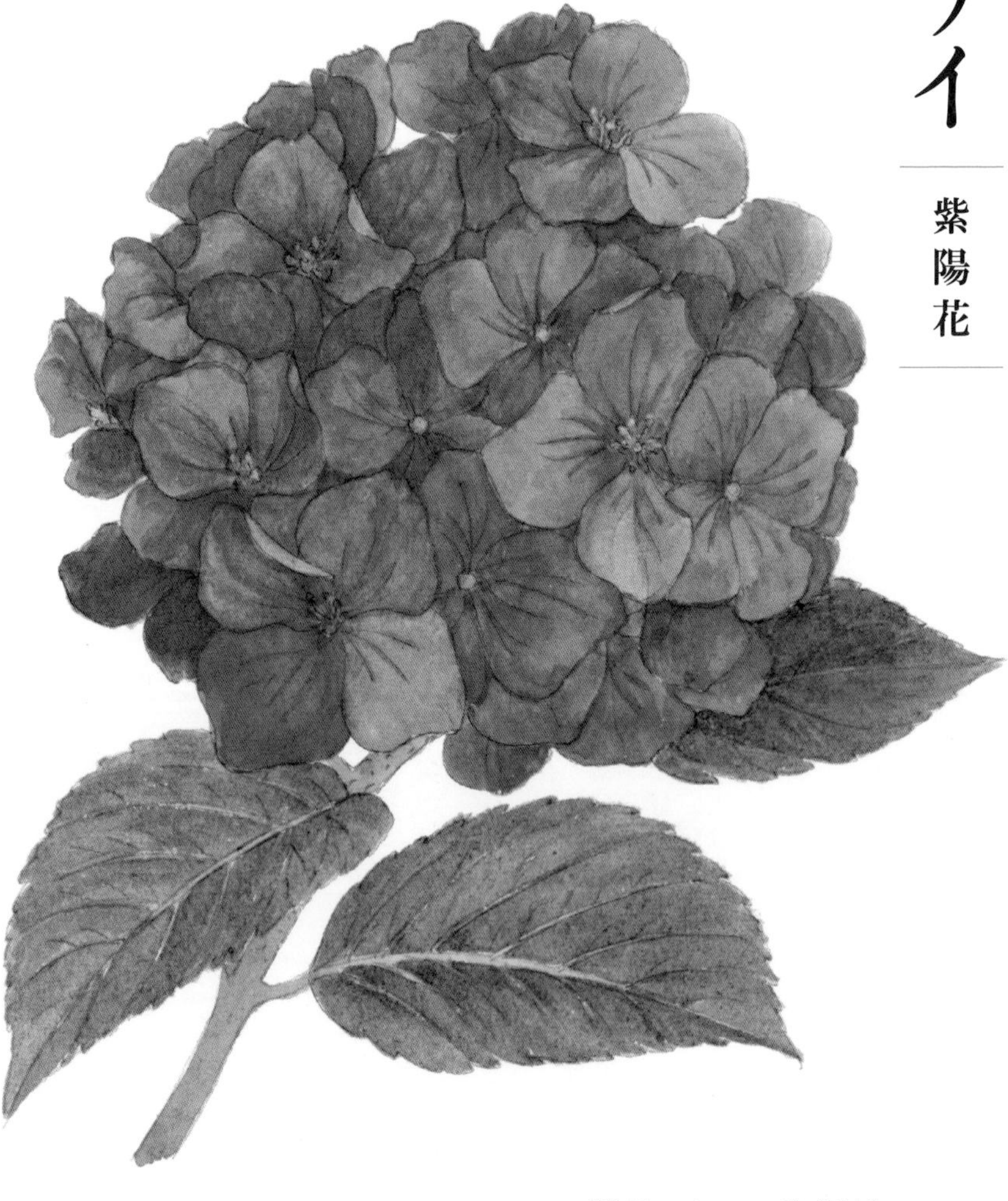

［科名］ ユキノシタ科 **［別名］** シチヘンゲ（七変化）、ハッセンカ（八仙花）**［原産地］** 日本 **［花言葉］** 移り気、浮気

＊愛する人の名をつけてヨーロッパで紹介

この植物は、江戸時代に、長崎のオランダ商館にいたドイツ人の医師シーボルトにより、ヨーロッパに紹介されました。

彼により名づけられた学名は、「ハイドランジア　オタクサ」でした。「ハイドランジア」は、「水を入れる器」を意味する語で、現在では、この名前がこの植物の商品名に使われることがあります。「オタクサ」は日本語の「お滝さん」が訛《なま》ったものです。これは、シーボルトが日本に来ていっしょに暮らした「楠本滝《くすもとたき》」の呼び名です。彼は彼女をたいへん愛し、ドイツ語訛りで、「おたくさん」とよんでいたのです。アジサイの現在の学名は、「ハイドランジア　マクロフィラ」です。「マクロフィラ」は「大きな葉」を意味し、この植物の特徴を示します。

＊「紫陽花」は、アジサイではないのか？

この植物は、漢字名では、「紫陽花」と書かれます。これは、中国の唐の時代の白居易《はくきょい》という詩人が名づけたものです。白居易は、白楽天《はくらくてん》という名前でよく知られています。彼は、お寺に植えられて紫色の花を咲かせていた植物に、まだ名前がつけられていないことを知り、それに「紫陽花」と名づけた詩を詠みました。その「紫陽花」という漢字名が、日本に伝わってきて、アジサイに当てられています。

しかし、「白楽天が詩に詠んだ紫色の花を咲かせる植物は、アジサイではなかった」といわれます。そのためか、アジサイは、中国では、漢字名で「八仙花」と書かれます。

「白楽天が詠んだ紫陽花は、ほんとうは何という植物だったのか」との疑問が浮かびます。これに対する答えは定かではなく、「モクセイ科のライラックであった」といわれています。

＊花の色が変化する理由

「アジサイの花の色は、日本では青色、ヨーロッパでは赤色」といわれます。昔から、日本では、この植物の花は青色だったのです。ですから、「青い色の花が集まっている」ことを意味する「集（あづ）真（さ）藍（あい）」という名でよばれ、これが変化して「あじさい」といわれるようになりました。

　といっても、日本でも、咲きはじめてから萎れるまでに花の色が変わることがあります。また、鉢植えで買ったアジサイを地植えにすると、翌年には違う色の花が咲くことがあります。このように、花の色が変わりやすいことにちなんで、この植物の花言葉は「移り気」や「浮気」などであり、「七変化《シチヘンゲ》」という別名もあります。

　アジサイの花の花びらといわれる部分は、植物学的には、花びらではなく、普通の花の「萼《がく》」という部分が、大きくなって色づいたものです。ほんとうの花ではないので、「装飾《そうしょく》花《か》」といわれます。この装飾花の色をだすのは「アントシアニン」という色素です。

　この色素は、花びらの中の状態によって、赤色になったり青色になったりします。そのため、咲きはじめに青色であった花が、萎れるときには赤色になります。アントシアニンは、青色を発色するのですが、花びらの中の状態が変わると、赤みを帯びてくるのです。

　アジサイの花の色が「日本では青色、ヨーロッパでは赤色」といわれる理由は、日本の土壌は酸性が多いのに対し、ヨーロッパの土壌はアルカリ性が多いからです。土壌が酸性だと、土壌に含まれるアルミニウムが溶けだし、それがアジサイに吸収されます。アルミニウムが花に多く含まれると、この色素は青色になります。アルカリ性の土壌では、アルミニウムが溶けださないために吸収されず、花の色は青くならず赤色を呈します。

鉢植えの赤い花のアジサイを買って、花の季節がすんだあと、地面に植えておくと、翌年に青い花が咲くことがあります。その土壌が酸性だからです。

「なぜ、日本の土壌は酸性なのか」という疑問があります。日本では、雨が多く、土壌のアルカリ性をもたらすカルシウムやマグネシウムなどが流されているからです。

＊アジサイの葉っぱを食べてはいけない！

梅雨の雨に洗われた大きな緑色のアジサイの葉はきれいです。雨上がりに輝きを増した葉は、虫たちにはおいしそうでご馳走に見えるはずです。ところが、若い葉にも大きな葉にも、虫にかじられた跡がほとんど見られません。「なぜ、食べられないのか」と不思議です。

この葉には、虫に食われるのを防ぐために、有毒な物質が含まれているのです。この物質は、自殺や殺人に使われる「青酸カリ」に含まれる「青酸」との説がありますが、特定はされていません。

この植物の葉が有毒な物質を含むことがあまりに知られていないために、居酒屋などで、季節感を出すために、料理に添えられることがあります。たとえば、だし巻き卵がアジサイの葉の上にのせられたりするのです。お客さんが、刺身に添えられる大葉と同じように思って食べてしまうと、中毒症状が出ます。アジサイの葉は食べてはいけないのです。

クチナシ

梔子

［科名］アカネ科**［原産地］**日本、中国、台湾、東南アジア**［花言葉］**とても幸せ、喜びを運ぶ

＊甘い香りを放つ「三大芳香花」の一つ

クチナシは、アカネ科の植物です。アカネ科というとめずらしがられますが、コーヒーがこの科の仲間です。だから、この植物の花と葉っぱは、コーヒーの花と葉っぱによく似ています。

白色の花が五月から七月に咲き、花びらは六片に分かれているのが普通ですが、たまに五片や七片、まれに八片のものもあります。近年は、八重の花が多く見られます。

英語名は、「ケープ・ジャスミン」であり、南アフリカ共和国のケープタウンを経由してヨーロッパに伝えられたので、この名がありますす。ジャスミンという語は、ジャスミンのように香りを漂わすという意味を含んでいます。

この植物の果実から、天然色素がとれます。「クチナシ色素」とよばれ、淡い黄色の色素名は、「クロシン」であり、カロテノイドという物質の一種です。インスタントラーメンなどの麺類や栗きんとんの色づけに使われます。インスタントラーメンの袋に原材料として「クチナシ色素」と明記されているものがあります。

碁盤や将棋盤の四本の太く短い脚は、この植物の果実がデザイン化されています。この果実は、熟しても口を開かないので、〝口無し〟といわれ、植物名の由来とされています。

碁や将棋では、盤を前にした対局中は、口を開かず、自分で考えるものであり、見ている人も口をはさんだりしてはいけないとの戒《いまし》めを込めているのです。

この植物は「三大芳香花《ほうこうか》」の一つです。初夏に咲く花は、「旅路の果てまでついてくる」と、渡哲也さんのヒット曲「くちなしの花」に歌われる甘い香りを放ちます。「三大芳香花」のあとの二つは、ジンチョウゲとキンモクセイです。

バラ

薔薇

[科名] バラ科 **[原産地]** ヨーロッパ、中国 **[都道府県の木・花]** 茨城県 **[花言葉]** 愛情、美（全般）、夢かなう（青色）

＊クレオパトラの肌の美しさを保った花

この植物は、ヨーロッパや中国を原産地とするものが交配されて、観賞用としても品種改良が重ねられ、多くの園芸品種がつくられていま す。西洋では、「花の王様」とされます。「母の日」に感謝と敬愛の気持ちを込めて贈られる花はカーネーションであることは、ほぼ定着しています。それに対し、「父の日」に贈られる花は、バラの花とされています。

美貌の女王として歴史に名を残す古代エジプトのクレオパトラは、バラの花や花びらを、宮殿の廊下や部屋に敷き詰め、香りを漂わせたといわれます。また、彼女の肌の美しさを保ったのは、花や花弁を浮かべた「バラ風呂」といわれます。バラ風呂の香りは、「ゲラニオール」「シトロネロール」「リナロール」など、多くの香り成分からなっています。

＊赤色のバラの花の起源は、血の色？

赤色のバラの花の起源について、ギリシャ神話に言い伝えがあります。

ある女神が、恋人を亡くし、その悲しみにくれて呆然とし、バラ園の中を、白い花を咲かせるバラを踏みつけながら、歩きまわりました。足にバラのトゲが刺さり、足は傷だらけになり、真っ赤な血がぽたぽたと流れ出ました。たちまち、白いバラの花が真っ赤に染まりました。

その後、このバラ園には、真っ赤なバラが咲くようになったとのことです。この話によると、バラの赤い花は失恋によって生み出されたことになります。

＊バラのトゲの起源は、ハチの針？

バラのトゲの起源についても、ギリシャ神話に言い伝えがあります。ある女神が子どもをつれてバラ園に遊びに行きました。バラの花があまりにきれいだったので、子どもは花にキスしようとして唇を近づけました。ところが、花の中にはハチがいたのです。近づいてくる唇に驚き、ハチは唇を針で刺しました。子どもが刺されて怒った女神は、ハチを捕まえ、ハチのからだから針を抜き取り、バラの茎につけました。

その後、バラには、トゲが生えるようになったとのことです。この話によると、バラのトゲの起源は、ハチの針ということになります。

＊青色の花を咲かせるバラが誕生！

バラに青色の花を咲かせようとする努力が、長い間、行われてきました。しかし、品種を改良しても、青色の花を咲かせることはできませんでした。そのため、「青色のバラの花」は、「現実には到達できない理想へのあこがれ」の象徴とされてしまいました。「青色のバラの花」を意味する英語名「ブルー・ローズ」は、「不可能」や「できない相談」を意味する語として使われることがあります。

カーネーションの項（114ページ）で紹介したように、一九九〇年ごろから、「青色のバラの花」を咲かせることに挑戦する研究者たちは、「遺伝子を組み換える」という、近年発達してきた先端技術を使いはじめました。

青色の花を咲かせるのは、「アントシアニン」と総称される色素の一種で、「デルフィニジン」という色素です。この色素をつくる遺伝子が、青色の花を咲かせるパンジーから取り出され、バラに組み込まれました。

二〇〇四年、とうとう青いバラの花を咲かせることに成功しました。多くの人が期待したような真っ青な花ではなかったのですが、それまではない青みを帯びた花でした。

二〇〇九年に、「拍手喝采」を意味する「アプローズ」という商品名で、青色のバラの花が切り花で市販されはじめました。青色のバラの花言葉は、「夢かなう」となりました。

＊「不思議なバラ」のつくり方

私の知っている「不思議なバラ（マジック・ローズ）」のいくつかを紹介します。ただ、つくり方は公表されているわけではなく企業秘密でしょうから、つくり方に関する私の説明は想像が混じっており誤っているかもしれません。

「温度で色が変わるバラ」は、赤みを帯びた花びらが暖かい部屋に入れられると、真白のバラに変化します。人の親指と人差し指で花びらをはさむと、体温の温かさを感じて、はさんだ部分だけが白くなります。温度を感じて色が変化する塗料が塗られていると思われます。

「七色のバラの花（レインボー・ローズ）」は、一つの花のそれぞれの花びらが、青、緑、赤の虹（レインボー）のように色分けされています。白いバラのツボミを切り枝にして、切り口の先端をいくつかに割り、そのそれぞれを別々の色の液につけて、色水を吸わせる方法でつくられたと考えられます。バラでなく、白い花のツボミに色水を吸わせて、花の色を変えるだけでも大変なのに、こんなことができるのは何かすごいノウハウがあるのでしょう。

「プリザーブド・フラワー」は、永久に萎れることのないバラの花です。バラの花びらに含まれる色素と水分をいったん取り出し、その水分に変えて保存のきく液体が、着色液といっしょに花びらに入れられたものと考えられます。

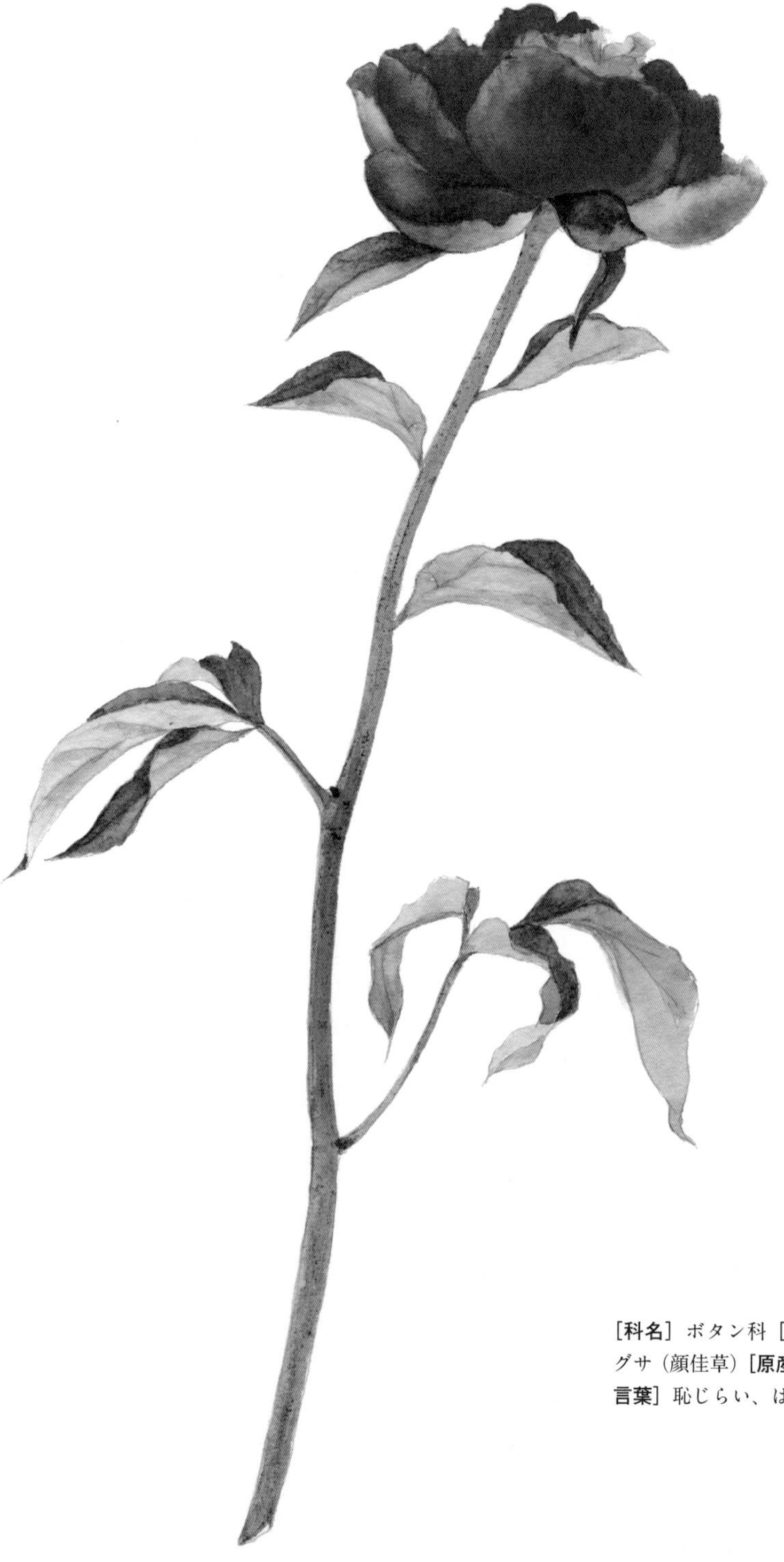

シャクヤク

芍薬

[科名] ボタン科 **[別名]** カオヨグサ（顔佳草）**[原産地]** 中国 **[花言葉]** 恥じらい、はにかみ、内気

＊〝癪に障る〟心を静めてくれる薬草

この植物は、平安時代までに、中国から日本に来た薬草です。甘い香りを放つ直径十数センチメートルくらいの大きな花であり、切り花としても利用されます。

古来、女性の美しさは「立てばシャクヤク、座ればボタン、歩く姿はユリの花」と形容されてきました。だから、シャクヤクの立ち姿が美しいことになります。また、ボタンの花は横向きに咲くので座って見るのによいが、シャクヤクは立って上から見るのによいともいわれます。

シャクヤクは、花の美しさ、花の色のあざやかさ、立ち姿など地上部がすばらしいことはよく知られます。でも、この植物の地下部は漢方薬として役に立ちます。特に、こむら返りには、根を乾燥させた生薬《しょうやく》がよく使われます。

漢字では「芍薬」と書かれます。「芍」という語は、「美しい」とか「あざやか」で、「はっきり目立つ」ことを意味するので、「美しい薬草」という意味をもつのでしょう。

しかし、この「芍」ではなく、「癪《しゃく》」が本来の意味であるとの説もあります。「癪」というのは、胃や胸などが急激に病んで、差し込むような痛さでけいれんをおこす病気です。時代劇などで女性が「持病の癪が出て……」とうずくまる病気です。その癪を治す薬草であったのです。

「癪に障《さわ》る」というのは、精神的に「癪」という病気のような状態になることです。もしシャクヤクが癪の薬なら、この花を見ているだけで、「癪に障る」という気持ちも落ちつくのかもしれません。

たしかに、シャクヤクは、そんなゆったりとした雅味ゆたかな雰囲気をもつ花を咲かせます。

ボタン

牡丹

[科名] ボタン科 **[別名]** フウキグサ（富貴草）
[原産地] 中国 **[都道府県の木・花]** 島根県 **[花言葉]** 風格、恥じらい、富貴

＊百獣の王を相手にできる「花の王様」

この植物は、初夏に、直径一五〜二五センチメートルにもおよぶ大輪の花を咲かせます。花の色は、白、赤、ピンクなど多彩であり、花の中のオシベの色もあざやかです。

光沢のある花びらを大きく開く花の風格は、他の花では太刀打ちできません。そのため、「花の女王」といわれ、中国では「花王《かおう》」とよばれます。この花と取り合わせの動物は、ライオン（獅子）であり、「獅子と牡丹」となったり、「唐獅子と牡丹」であったりして、百獣の王を相手にできる植物の代表なのです。

西洋の「花の王様」がバラなら、東洋の「花の王様」は、ツバキと並んで、ボタンです。シャクヤクの花とよく似ているので、間違われることがあります。日本郵政公社の九州支社が二〇〇七年に発売した切手では、ボタンの花に誤ってシャクヤクの花が使われて、販売が中止されたことがあります。

漢字では、「牡丹」と書かれます。「丹」は「赤い」を意味し、原種の花の色に由来します。「牡」は「牝」に対する語で、「雄」を意味します。馬でなら、雌馬《めすうま》は「牝馬《ひんば》」、雄馬《おすうま》は「牡馬《ぼば》」です。この花の風格から女王様より王様のほうがふさわしいと、「牡」の語が使われたのでしょう。

この植物には、他の品種の花の花粉がつかないと、タネはできないという性質があります。そのため、できるタネは、親とは違う性質をもちます。ですから、タネから育てると、花の色や大きさ、葉の大きさなどが同じ性質の苗木ができないため、もっぱら挿し木、接《つ》ぎ木で増やされてきました。それがタネをつくって増やす雌より、雄的なものと捉えられ、「牡」という文字が使われているとの説があります。

第六章

夏の暑さの中で 花咲く樹木たち

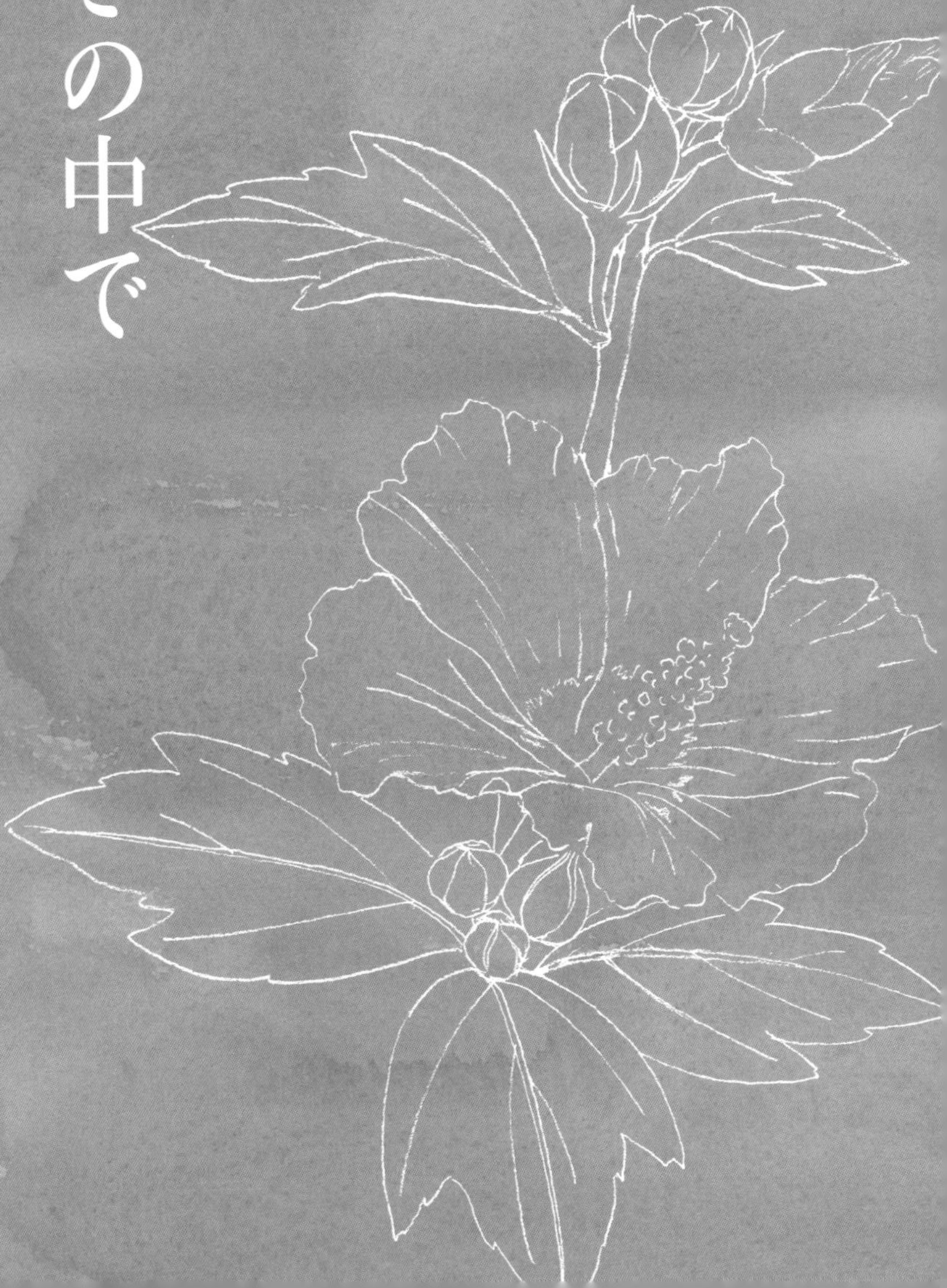

ムクゲ

木槿

オクラの花

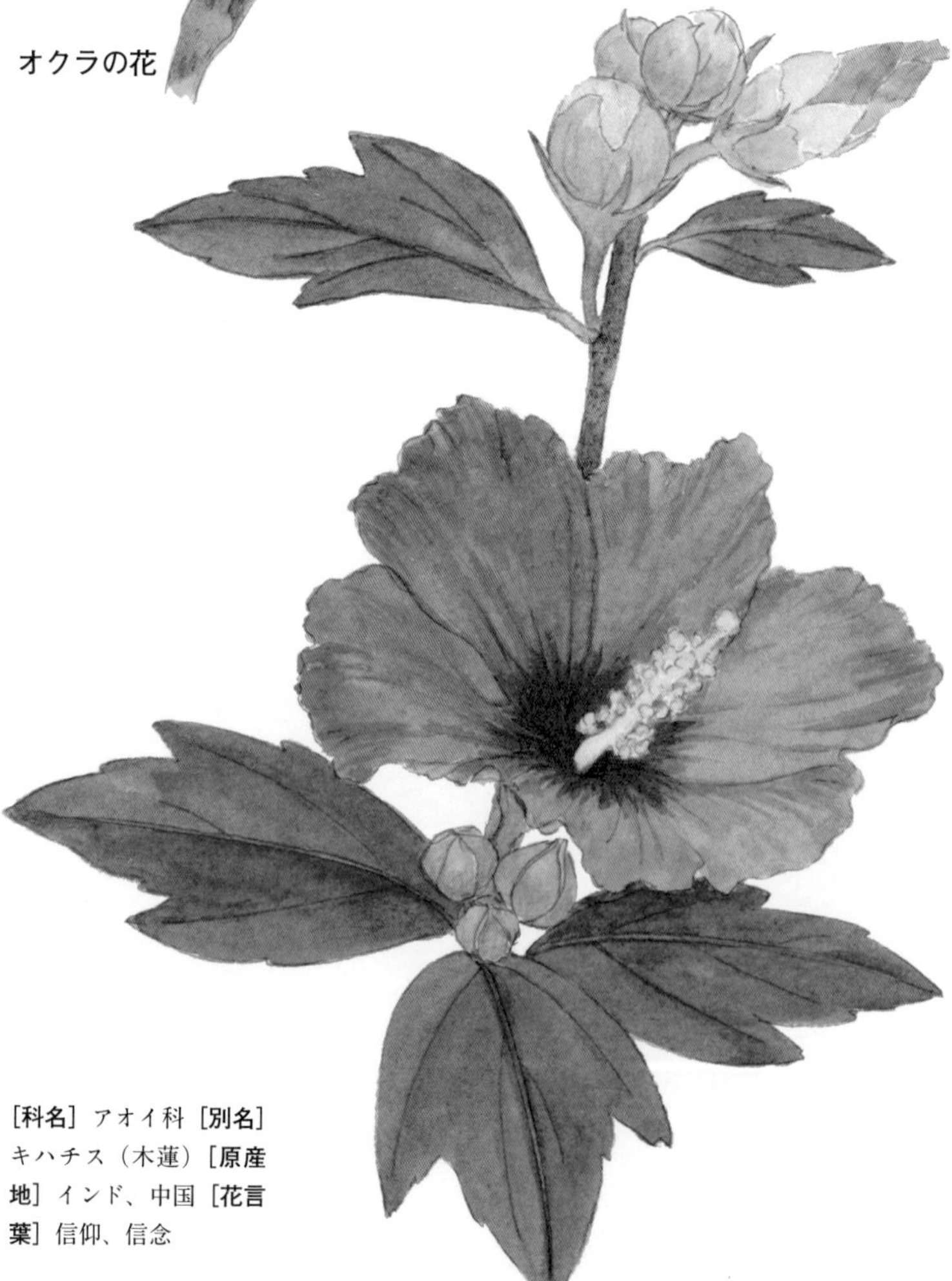

［科名］アオイ科［別名］キハチス（木蓮）［原産地］インド、中国［花言葉］信仰、信念

＊窮することが無い花

ムクゲは、背丈は数メートルに育ち、夏に、直径一〇センチメートルを超えることもめずらしくない大きな花を咲かせます。

朝に開き夕方には萎れてしまう、「一日花《いちにちばな》」です。そのため、「この世の中の栄華ははかない」ことを意味する故事に、この花は「槿花《きんか》」という名前で使われます。「槿花一朝《いっちょう》の栄《えい》」「槿花一日《いちじつ》の栄」や「槿花一朝の夢」などです。

一つひとつの花の寿命は短いのですが、夏の初めから秋までの長い期間にわたって、花が次々と咲きます。人間の背丈ほどの高さの木に、一日に五〇個くらいの花が咲くこともめずらしくはなく、一シーズンに一〇〇〇個くらいの花が咲くこともあります。

そのため、韓国では、「窮《きゅう》することが無い花」という字が当てられ「無窮花（ムグンファ、またはムキュウゲ）」とよばれ、「国花」に選ばれています。

日本では、「槿」や「木槿」という漢字が当てられますが、これは中国名です。

ムクゲの花は、フヨウ、ハイビスカス、タチアオイの花によく似ています。これらは、同じアオイ科の仲間だからです。これらは、ムクゲが栽培されている庭や花壇に咲いているので、花が似ていてもそんなに不思議がられることはありません。

でも、夏の野菜畑に、ムクゲの花とそっくりの花が咲いていることがあり、びっくりされることがあります。野菜の花も一つひとつをよく見れば、かわいらしく美しいものが多いのですが、この花は特別に美しいものです。これは、オクラの花なのです。オクラは、アフリカ原産のアオイ科の仲間なのです。

フヨウ　芙蓉

スイフヨウ　酔芙蓉

フヨウ

［科名］アオイ科［別名］キハチス（木蓮）、モクフヨウ（木芙蓉）［原産地］日本、台湾、中国［花言葉］繊細な美しさ

スイフヨウ

［科名］アオイ科［原産地］日本、台湾、中国［花言葉］繊細な美、幸せの再来、心変わり

*フヨウとムクゲの見分け方

フヨウは、背丈、葉の形、植栽されている場所などが、ムクゲとよく似ています。同じアオイ科の仲間だからです。花は、薄いピンクや白色で清楚な感じがし、その姿もムクゲとよく似て、直径も一〇センチメートルを超えて見栄えがよいものです。花の中央に伸びるメシベの先端が、上向きに曲がる姿が特徴的です。

ムクゲとフヨウは区別がつきにくいといわれますが、フヨウの葉は、ムクゲより一回りも二回りも大きく広がっています。だから、葉を見慣れると、ムクゲと間違うことも識別に悩むこともありません。

安土桃山時代の画人である狩野《かのう》永徳《えいとく》の「花《か》鳥《ちょう》図《ず》押《おし》絵《え》貼《ばり》屏《びょう》風《ぶ》」の一二面の一つとして、この植物が描かれています。ちなみに、この屏風の残りの一一面には、ムクゲ、ウメ、ビワ、ツバキ、ボタン、クチナシ、ケイトウ、ネズミモチ、オオデマリ、ゼニアオイ、ノウゼンカズラの花が描かれています。

*夕方には酔っているフヨウの仲間

フヨウの仲間にスイフヨウがあります。この植物では、朝に白かった花が昼過ぎにはピンク色を帯び、夕方には赤色になります。この色の変化が、朝方から夕方に向けて、酔っていく様子にたとえられて、この植物名は、漢字で「酔芙蓉」と書かれます。

スイフヨウの花の色の変化は目立ちますが、フヨウの花も萎れるにつれ赤みを帯びてきます。そのため、フヨウの学名は、「ハイビスカス　ムタビリス」であり、ハイビスカスはフヨウ属であることを示しますが、「ムタビリス」は「不安定で、変わりやすい」を意味します。

ハイビスカス

［**科名**］アオイ科［**別名**］ブッソウゲ（仏桑華・仏桑花）［**原産地**］インド、中国南部［**花言葉**］常に新しい美、勇敢

＊沖縄では、仏様に供える花

ハイビスカスは、ムクゲ、フヨウなどと同じハイビスカス属の仲間なので、学名は、「ハイビスカス　ローザシネンシス」です。種小名《しゅしょうめい》は、「中国のバラ」を意味しています。

花が朝に開き、夕方に萎れる性質も、仲間と共通です。開いた花の中央にメシベが突き出すように伸びだしているのも共通です。

一昔前は、日本では、「真っ赤な、沖縄の花」でした。しかし、近年、鉢植えが多く出まわり、花の色もピンク、クリーム色などが増え、多くの家庭で栽培されています。挿し木で容易に増やせることも、多く栽培されはじめた一因です。

「国花」に選ばれているマレーシアでは、「花びらの赤い色は、勇気を表している」といわれます。また、ハワイでは、「州の花」です。明るく輝く太陽の光に映えて咲く真っ赤な花は、この州のイメージにふさわしく、観光客を迎える「歓迎の花」として使われます。

日本では、この花は沖縄県の象徴ですが、「歓迎の花」ではありません。沖縄では、「仏桑華《ブッソウゲ》」という別名をもち、「仏様に供える花」という意味をもちます。そのため、沖縄県では、お墓の周囲の垣根などによく植えられます。

おしゃれな感じのするハイビスカス・ティーは、真っ赤な花や萼《がく》に含まれる色素である「アントシアニン」がお湯に容易に溶ける性質を利用しています。このティーには、アントシアニン以外にも、健康や美容によいビタミンCやクエン酸、カリウムなどが含まれています。

バラの項（142ページ）で、肌の美しさをバラ風呂で保ったと紹介したクレオパトラは、「美貌と若さを保つために、ハイビスカス・ティーを愛飲していた」と語り継がれています。

キョウチクトウ

夾竹桃

[**科名**] キョウチクトウ科 [**原産地**] インド [**花言葉**] 用心、注意、危険

＊葉や枝に含まれる猛毒に要注意！

この植物名の「夾」という字は、「二つを合わせる」という意味をもちます。葉っぱの形は「タケ」の葉に似ており、ピンクの花が「モモ」の花に似ています。そのため、「竹と桃を合わせて」という意味で、「夾竹桃」と名づけられています。

最近は、ピンクの花を咲かせる品種より、真っ白の花を咲かせる品種が人気のようです。挿し木で容易に増やせることや排気ガスに強いこともあって、街の中で庭木や街路樹として広く植えられています。

この植物は、虫に食われるのを防ぐために、葉や枝におそろしい有毒な物質をもっています。「オレアンドリン」という名前の物質です。この名前は、キョウチクトウの英語名である「オレアンダー」にちなんでいます。

オレアンドリンの毒性はかなり強く、キョウチクトウは、インドでは、「馬殺しの木」といわれ、イタリアでは、「ロバ殺しの木」とよばれています。

フランスで、バーベキューの串にこの植物の枝を使って、数名が亡くなるという事件がおこっています。日本でも、明治時代の初め、「西南の役」で官軍の兵士がこの植物の枝をお箸に使って食中毒をおこしたという話もあります。

この植物の花言葉は、「用心」「注意」「危険」などです。花言葉にふさわしくないようなものですが、この有毒物質が含まれていることが原因です。

植物は、病原菌や虫、動物から自分のからだを守るためにいろいろな方法を身につけています。この植物にとっては、この物質がそのための手段です。

ランタナ

[科名] クマツヅラ科 **[別名]** シチヘンゲ（七変化）、コウオウカ（紅黄花）**[原産地]** 熱帯アメリカ、アフリカ **[花言葉]** 心変わり、厳格、協力

＊虫は赤色より黄色がお好き！

ランタナは、通常は私たちの背丈と同じくらいか、それ以下ですが、背丈が高くなれば、二メートルを超えることもあります。この植物の葉っぱをもむと、強い香りが漂います。この香りを臭いと嫌う人もいますが、不快に思わず、「ハーブのような香り」と表現する人もいます。茎の断面が四角形であることも特徴です。

夏から秋に、多数の小さい花が枝の先に集まって咲きます。花の色が変化しない品種がありますが、花の色が変化するのがこの植物の魅力であり、「七変化《シチヘンゲ》」という別名があります。

花の色は、開花後、日の経過とともに、黄色から赤色へと変化します。この花の色の変化は、虫たちによる受粉の効率を上げるのに役立ちます。黄色の花は、花の集まりの真ん中から生まれ、それまで中央にあった花は、赤みを帯びながら、周辺部に押しやられます。そのため、花の集まりの中央部には、咲いたばかりの黄色の花、そのまわりに赤色の花となります。

多くの昆虫の目は、赤色より黄色を敏感に感じます。ですから、虫たちは、咲いたばかりの黄色い花に集まります。黄色い間に受粉をすませた花は、虫たちに目立たない赤色になって、周辺部に移動するのです。

この花の前で、飛んできたハチやチョウチョが、どの花にとまるかを見ていると、中央の黄色い花にとまり、まわりにある赤色の花にはとまらないことが確認できます。

この植物では、花の色の変化が注目されますが、ほかにも特徴があります。葉と実には、有毒物質が含まれているのです。有毒成分の名前は、「ランタニン」であり、動物に食べられないようにからだを守っているのです。

サルスベリ

百日紅
猿滑

［**科名**］ミソハギ科［**別名**］ヒャクジツコウ（百日紅）［**原産地**］中国［**花言葉**］雄弁、あなたを信じる

＊藤原道長、頼道親子が愛でていた花？

この植物は、江戸時代の初期に、中国から日本に伝わったとされる説が有力でした。ところが、近年、その約七〇〇年前の平安時代に伝わっていたと考えられています。

京都府宇治市に、一〇円硬貨の表面にデザイン化されている平等院鳳凰堂があります。その前に広がる池の平安時代の地層から、サルスベリの花粉が発見されたと、二〇一〇年に発表されたのです。

平等院は、藤原頼道《ふじわらのよりみち》により一〇五二年に創建されたとされますが、それ以前にも貴族の別荘があったとの説があり、その当時、サルスベリはすでに植えられていたことになります。もしそうなら、平安時代の貴族であった藤原道長《みちなが》、頼道は親子で、この植物を愛《め》でていた可能性があります。

現在では、この植物は、街路樹、公園、庭などに植栽されています。夏になると花が咲きはじめますが、秋になっても咲いていることがあり、花の咲く時期が長いことにちなんで「百《ヒャク》日紅《ジツコウ》」といわれます。

木の幹は、いつのまに誰が磨いたのかと思うほど、なめらかで艶があります。「サルスベリ（猿滑）」という名は、字から想像されるとおり、猿もすべり落ちるという意味であり、幹の皮がなめらかなことにちなんでいます。

六～八枚ある花びらはちぢれており、花の中央にメシベが一本存在します。オシベが約四〇本あり、そのうちの六本が長く伸び、長いオシベの先端は下向きになっています。この六本のオシベの花粉だけにタネを残す能力があり、ほかのオシベの花粉はハチなどを集めるための餌として準備されているものです。

ノウゼンカズラ

凌霄花

［**科名**］ノウゼンカズラ科［**原産地**］中国［**花言葉**］栄光、名声

＊「凌霄花」この漢字、読める？　書ける？

「ノウゼンカズラ」という名前から、この植物はめずらしい花木のような印象がもたれますが、家の庭などで多く栽培されています。

名前にある「カズラ」は、「ツル」を意味する語句であり、この植物がツル性の植物であることを示しています。「カズラ」は、ヘクソカズラやフウセンカズラ、ビンボウカズラ（別名はヤブガラシ）などの、ツルで伸びる植物の名前につけられています。

この植物は、木の幹や壁などを覆いつくすように成長し、繁殖力が旺盛です。夏にオレンジ色の大きな花を咲かせる植物です。花は、直径七〜八センチメートルで、長さも五センチメートルを超えるロウト形です。その花の形から、この植物は、英語名で「トランペット・フラワー」といわれます。

この植物は、漢字テストでなら、「凌霄花」と書かれ、「何という植物か」と、問われます。「霄」という漢字は、「天や、はるかな空の果て」などを意味します。ですから、「この植物には、天を凌《しの》いで伸びるぐらいの勢いがある」という意味でつけられたのでしょう。そのように思えるほど、ツルを伸ばしてどんどん伸びる植物です。

「ノウゼンカズラ」という名前やオレンジ色の大きな花から、近年に、外国から入ってきた植物のような印象があります。ところが、狩野永徳の「花鳥図押絵貼屏風」に描かれているのです。そのときの名が「凌霄花」です。

狩野永徳は安土桃山時代の画人ですから、その時代から、日本で育っていた植物ということになります。

第七章

夏の暑さの中で
花咲く草花たち

ヒマワリ

向日葵

ヒマワリのタネ

[科名] キク科 **[別名]** ニチリンソウ（日輪草）、ヒグルマ（日車）**[原産地]** 北アメリカ **[花言葉]** あなただけを見つめる、敬慕

＊花は太陽の姿を追ってまわるか？

ヒマワリは、「一六六六年ごろに日本に来た」といわれます。「なぜ、一六六六年という具体的な年代がいわれるのか」と不思議に思われます。この根拠は、この年に出版された『訓蒙図《きんもうず》彙《い》』（中村惕斎《なかむらてきさい》編）に、ヒマワリが初めて出てくることです。

　この植物の属名である「ヘリアンサス」は、ギリシャ語の「太陽」を意味する「ヘリオス」と、「花」を意味する「アントス」から成り立ちます。ですから、「太陽」と「花」が語源であり、「太陽の花」を意味します。この花の形は、太陽が輝いているように見えます。その形にちなんで、英語名は「サンフラワー」で「太陽の花」を意味します。

　花の形が太陽に似ているだけでなく、この植物は、中国で「向日葵」と書かれ、「太陽のほうを向いて咲く花」とされています。そして、古くから、「ヒマワリの花は、太陽の姿を追ってまわる」といわれます。しかし、これは俗説です。

　花は、大きいだけでなく、実際に手に持ってみると重たいです。そのように重い大きな花が、太陽の動きを追ってまわることはありません。

　ヒマワリ園などで、何百個、何千個の花が一枚の写真に撮られていることがあります。その写真では、すべての花が、カメラのほうを向く〝カメラ目線〟です。

　ということは、すべての花が同じ方向を向いて咲くのです。その方向は、「東」です。「ヒマワリの花は、一日中太陽の動きを見ることのできる場所では、東を向いて咲く」と決まっているのです。

　では、「なぜ、ヒマワリの花は、太陽の姿を追ってまわるといわれるのか」との疑問が浮かびます。この疑問は、葉っぱの動きで解かれます。

ヒマワリの茎の先端にある若い葉の表面は、朝、太陽が東にあると東へ傾き、太陽が上にあがると、上を向き、夕方、太陽が西に移動すると、西へ傾きます。葉の表面を太陽のほうに向けると、太陽の光を多く受けられるからです。

小さな若いツボミは、一番上の若い葉っぱの間にできるので、葉っぱが太陽を追って動くと、ツボミも太陽の動きに合わせて動きます。そのため、「ヒマワリの花は、太陽の動きを追ってまわる」という説が広まったのでしょう。

＊大輪の花は、小さな花の集合体

ヒマワリの花は、「一つの大きな花」と思われがちですが、多くの小さな花が集って、大きな花になっているのです。

ヒマワリの花のまわりにある花びらのように見える一枚一枚が、それぞれ一つの花です。一枚の花びらのように見えるものは、その姿を舌に見立てて、「舌状花《ぜつじょうか》」といわれます。

花の中央には多くのオシベがあるような印象を受けますが、注意深く見ると、小さな筒のようなものが集まっています。この一つの筒が、正確には一つの花です。筒状に見えるので、「筒状花《とうじょうか》」といわれます。あるいは、管状に見えるので、「管状花《かんじょうか》」ともよばれます。

まわりの舌状花は、きれいな色の花びらで虫を誘う役割を果たし、内部の筒状花（管状花）は、タネをつくるという仕事を分担しているのです。この花の集まりを「頭状花《とうじょうか》」、あるいは、「頭花《とうか》」といい、普通には、ただ「花」とよばれています。

頭状花を咲かせるのは、キク科の植物の特徴です。大きな花に見せれば虫に目立って、ハチやチョウチョなどを引き寄せることができるという利点が生まれます。

一つの大きな花の中にいくつのタネがつくられているかを数えたことがあります。そのときの花は普通の大きさでしたが、一二二六個のタネが含まれていました。すごい数の花が集まって咲いているのです。

＊タネとよばれるのは、タネではない！

「ヒマワリの一粒のタネには縞《しま》模様がある」と表現されることがあります。しかし、このタネとよばれるものは、メシベの基部にある子房《しぼう》とよばれる部分でつくられた果実なのです。

「では、タネはどこにあるのか」との疑問がおこります。タネは果実の中にあるものです。ですから、タネとよんでいる果実の中に、タネがあります。

ただ、ヒマワリの果実の場合には、果肉がないので、「痩《や》せている果実」という意味で「痩《そう》果《か》」とよばれます。植物学的には、ヒマワリのタネとよんでいるものは、痩果なのです。

ですから、「タネ」とよんでいるもののまわりを被っているものは、果実の皮であり、「果《か》皮《ひ》」なのです。果皮を割ると、中に「種《しゅ》皮《ひ》」をつけたタネが入っています。

そのため、「ヒマワリの種皮には縞模様がある」という表現は誤りになるのです。縞模様の果実を「タネ」とよんでいると、植物学の用語にこだわる人は、「それは、タネじゃないよ」と指摘されます。

もしそのように言われたら、そのとおりなので、「そのとおりです」の意味を込めて、「ああ、そうか（痩果）」と返してください。

ケイトウ

鶏頭

[**科名**] ヒユ科 [**別名**] ケイカンカ（鶏冠花）[**原産地**] インドなどの熱帯アジア [**花言葉**] 色あせぬ恋、おしゃれ、気取り

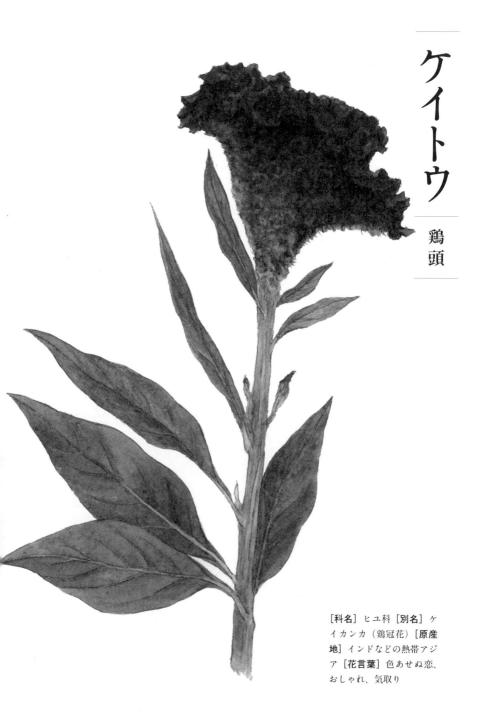

＊ニワトリのとさかにそっくり！

　この植物は、中国を経由して日本に古くに渡来しています。奈良時代に編纂《へんさん》された『万葉集』に、「韓藍《からあい》」という名前で詠まれているのが、この植物とされます。安土桃山時代の画人である狩野永徳《かのうえいとく》の「花鳥図押絵貼屏風《かちょうずおしえばりびょうぶ》」の一二面の一つとして、この花があざやかな彩色で描かれていることでよく知られています。

　夏から秋に、多数の小さい花が帯状に集まって、茎の先端に咲きます。その様子が鶏の頭にある鶏冠《とさか》に見立てられて、和名でもケイトウ（鶏頭）という名前がついています。近年、身近にニワトリが飼育されていないために、鶏冠が知られておらず、帯状の花の集まりがふさふさの毛糸のように見られることから、名前の由来が毛糸と思われていることがあります。

　学名は、「セロシア　クリスタータ」であり、「セロシア」は「焼却した」を意味するギリシャ語に由来し、真っ赤な花の集まりを燃える炎に見立てたものです。「クリスタータ」は、「鶏冠のような」を意味します。この植物は、英語名でも「コックスコーム」で、「ニワトリの鶏冠」の意味です。ニワトリでも「コックス」は雄鶏《おんどり》であり、「コーム」は鶏冠で、鶏冠がよく発達している雄鶏が使われています。

　花には、萼《がく》が五枚、オシベが五本、メシベが一本です。花が咲き終わると、ふたのあるような形の小さな果実がなり、その中に光沢のある黒い粒々の小さなタネが含まれます。

　この花には花びらはなく、萼が、赤色、黄色、橙色《だいだいいろ》などに色づきます。花の色は、「ベタレイン」という色素によります。これは、マツバボタン、オシロイバナ、ブーゲンビリア、サボテンの花などに限られた色素です。

ハス

蓮

[科名] スイレン科 [別名] ハチス（蓮）[原産地] アジア、エジプト [花言葉] 雄弁、遠ざかった愛

＊「大賀」「古代」「原始」、どれも同じハス？

ハスには、よく知られている三種があります。「大賀《おおが》ハス」「古代ハス」「原始ハス」とよばれるものです。「これらは、同じものか」という疑問が抱かれます。

いずれも古くからあるハスの呼び名なので、必ずしも厳格に呼び名が区別されていない場合があり、混乱している場合もあります。しかし、この三種のハスは別のものとされています。

「大賀ハス」は、一九五一年、千葉市検見川《けみがわ》の弥生時代の遺跡から三粒のハスのタネが発掘され、そのうちの一粒が発芽して成長し花を咲かせたハスです。それを栽培した大賀一郎博士の名前にちなんで「大賀ハス」と名づけられています。一九五四年、千葉県の天然記念物に指定されています。

これは、弥生時代から約二〇〇〇年の間、遺跡の中でじっと生きのびてきたタネから生まれたハスです。そのため、「大賀ハス」が「古代ハス」とよばれることもあります。

しかし、本来の「古代ハス」という名称のハスは、別に存在します。一九六〇年に、埼玉県の行田市が天然記念物に指定したハスです。ただ、その後、「そのハスは枯死《こし》した」といわれました。ところが、一九七三年、行田市のある工事の掘削あとにできた池に、このハスが復活して、花が咲き、「行田ハス」と名づけられました。これが「古代ハス」とよばれています。

「原始ハス」とよばれるのは、大阪府の天然記念物に指定されている「枚岡《ひらおか》の原始ハス」です。東大阪市善根寺《ぜんこんじ》に栽培されていたハスを一九三六年に大賀博士が「原始ハス」と命名したものです。一九七〇年に大阪府の天然記念物に指定されています。

＊花が咲くとき、「ポン」と音がするのか？

「ハスの花が咲くとき、『ポン』と音がする」といわれ、「ほんとうに、『ポン』という音を立てて開くのか」と疑問に思われます。

実際に、「ポンという音を聞いた」という高齢の方がおられます。あるいは、「昔、おじいさんやおばあさんが『毎朝、ハスの花がポンという音を立てて咲いていた』と話していた」のを覚えている人がいます。

しかし、思い出やロマンを壊してしまうようですが、この疑問に対して、私は「ハスの花が咲くとき『ポン』という音はしません」と答えざるを得ません。

ハスの花のツボミは十数枚以上の花びらが重なり合っており、開くときには、内側の花びらの重なりが緩みはじめるとともに、外側の花びらが一枚ずつ反《そ》り返るように開いていきます。そのため、花の咲き方から「ポン」という音はするはずがありません。

この答えを裏づけるように、お寺のハス池や植物園のハスを長年にわたって管理されたり、またハスの栽培をされたりしている方も、「ポンという音を聞いたことがない」と言われます。

「ハスの花は、『ポン』という音を立てて開く」という表現は、ハスのツボミが短時間に開くことを象徴する言い伝えだと思います。品種にもよりますが、閉じていたツボミがほぼ完全に開花するまで約二時間ほどです。ただ、完全に開花する前でも、花は開いたように見えるので、ツボミが開く現象はもっと速い印象があります。

なぜ、まことしやかに、昔から、「ハスの花は、『ポン』という音を立てて開く」といわれるのでしょうか。ハスの花が咲く池で、花の咲く時刻に、「ポン」という音がすることがあります。

それは、池の魚が飛び跳ねる音のことであるかもしれません。しかし、普通には、音を立てる張本人は、カエルです。

カエルがハス池に飛び込むと、「ポン」という音がします。それを聞いた人は、「何の音だろうか」と思って池を見ます。すると、ついさっきまでツボミであったハスが、花開く現象は速いので、開いていることがあるのです。それに気づくと、「あのポンは、花が開くときの音」という勘違いがおこるのです。

近年は、カエルの数がめっきり減りました。しかし、昔は、カエルが多くいました。ハスの葉の上に、カエルが座っている姿が描かれた絵が多くあります。写真にも、ハスの葉とカエルの取り合わせが撮られています。ハス池には、多くのカエルがいたのです。

「『ポン』という音は、ハスのタネが水の中に飛び込む音ではないか」という質問を受けたことがあります。しかし、これはあり得ません。

ハスの花の真ん中は、ハチの巣のような形をしています。ハスという植物名の語源は、この「ハチの巣」であり、それが「ハチ巣」となり、やがて、「ハス」とよばれるようになりました。

ハスでは、タネがハチの巣の穴の中に埋まるようにできます。タネの大きさは、五～一〇ミリメートルです。このタネが、穴から飛び出し、水に飛び込めば、ポンという音がするかもしれません。

しかし、そのためには、ハチの巣のような穴から、タネが自分で飛び出すしくみがなければなりません。しかし、ハスの花には、そのようなしくみはありません。

シュウカイドウ
秋海棠
ベゴニア

シュウカイドウ

[科名] シュウカイドウ科 [原産地] 中国 [花言葉] 恋の悩み、片思い

ベゴニア

[科名]シュウカイドウ科[原産地]オーストラリアを除く熱帯、亜熱帯地方[花言葉] あなたは親切、片思い

＊葉の形は不均衡なハート形

シュウカイドウは、中国から江戸時代に日本に入ってきました。近年、多く栽培されている「ベゴニア」の一品種であり、「ベゴニア」はシュウカイドウのラテン語です。

この植物はごく身近にありますが、多くの人に気がつかれていない特徴が二つあります。

一つは、葉の形です。多くの植物の葉は、左右対称の形をしていますが、この植物の多肉でやわらかい葉は、左右が対称ではないのです。ハート形の形が不均衡なので、「片思い」を連想させます。これが、花言葉になっています。

もう一つは、雄花、雌花が別々に同じ株に咲くことです。これは、「雌雄同株《しゆうどうしゅ》」といわれる性質であり、小学校の理科でも取り上げられます。そのとき、このタイプの代表的な植物として、キュウリ、カボチャ、スイカ、ゴーヤなどが紹介されます。

ところが、これらは畑で栽培されるため、実際に栽培していなければ、その花を観察する機会はありません。そこで、この性質を示すために、絵や写真が使われます。

ベゴニアなら、身近な花壇や鉢植えで栽培され、園芸店で売られています。そのため、「雌雄同株」の実物を容易に観察することができます。

実際に多くの花を咲かせているベゴニアを観察すると、その中に雄花と雌花があります。雄花は花びらが四枚で二枚が大きく二枚が小さいのです。雌花は同じ形の五枚の花びらをもっています。雌花の下には、三枚のプロペラをつけたような子房がついているので、雌花と雄花との識別はきわめて容易です。ぜひ、試みてください。

バイカモ キンシバイ ビヨウヤナギ

梅花藻 金糸梅 美容柳 未央柳

バイカモ

［科名］キンポウゲ科［別名］ウメバチモ（梅鉢藻）［原産地］日本［花言葉］幸せになる

キンシバイ

［科名］オトギリソウ科［原産地］中国［花言葉］秘密、煌き、悲しみを止める

ビヨウヤナギ

［科名］オトギリソウ科［原産地］中国［花言葉］気高さ

＊水面の上に咲くウメの花

バイカモは、池や川の流れの中で育ちます。夏に水面の上に白色の花を咲かせます。この花は、直径が約一センチメートルで、花びらが五枚のウメの花に似ているので、この植物は「梅花藻」と書かれます。

学名は、「ラヌンクルス　ニッポニクス」です。ラテン語では、カエルのことを「ラナ」といいます。「ラヌンクルス」は、「カエルのいるような湿地に生える植物である」ことを示しているといわれたり、葉っぱの形がカエルに似ているからといわれたりします。

種小名《しゅしょうめい》である「ニッポニクス」は日本生まれを意味し、日本原産の植物とされています。

＊金糸のようなオシベが多いウメの花

キンシバイは、バイカモと同じように、ウメに似た花を咲かせる植物です。

庭などで栽培されており、夏に、約三センチメートルのあざやかな黄色の花が咲きます。ウメの花に形が似ている花の中央には、オシベが多数あります。このオシベが金糸にたとえられて、「金糸梅」と書かれます。

＊キンシバイのオシベを長くした花

キンシバイとよく似た花を咲かせる植物が、ビヨウヤナギです。同じオトギリソウ科の植物です。

キンシバイとの大きな違いは、ビヨウヤナギのオシベはキンシバイと同じように多数ありますが、長さが長くずっと伸びでていることです。このオシベの数を数えたことがありますが、そのときは、二五四本ありました。花を得られる機会があったら、ぜひ、数えてみてください。

イネ ナス キュウリ

稲　茄子　胡瓜

イネ

[科名] イネ科 [原産地] 中国南部の雲南や東南アジア [花言葉] 神聖

長花柱花

短花柱花

キュウリ

[科名] ウリ科 [別名] カラウリ（唐瓜）[原産地] インドなどの熱帯アジア [花言葉] 洒落

ナス

[科名] ナス科 [原産地] インドなどの熱帯アジア [花言葉] よい語らい、優美、希望

＊イネは虫ではなく、風のお世話になっている！

一般的な植物の花には、花びら（花弁《かべん》）があります。これらの花とイネの花の大きな違いは、イネの花には花びらがないことです。美しくきれいな花びらの役割は、花粉を運んでもらうために、ハチやチョウチョなどの虫を誘い込むためですから、イネの花に花びらがないということは、ハチやチョウチョに花粉の移動を託さないということです。イネは、風に花粉を運んでもらう植物なのです。

イネでは、五ミリメートルぐらいの小さな花が穂のように密に並んで咲きます。一つの花には、六本のオシベと一本のメシベがあります。開花している時間は短く、多くの品種で、午前中の二時間くらいです。

イネは、オシベにできる花粉の移動を風に託しているだけでは、不安なのでしょう。そこで、イネは、風に託すだけではなく、開花するときに自分の花粉が自分のメシベについてタネ（おコメ）ができる「自家受精《じかじゅせい》」という性質をもち合わせています。スミレの項（118ページ）で紹介した性質です。

本来、植物は、自家受精でタネをつくることを望んでいません。そのようにして子どもをつくると、自分と同じような性質の子どもばかりが生まれるからです。もしそうなら、いろいろな環境の中で生きていけません。そのため、イネの原種には、この性質はありませんでした。

栽培されるイネが、自家受精という性質をもっているのは、私たち人間がイネを栽培する過程で、その性質を身につけた品種を育ててきたからです。花が咲けば、ほぼ確実におコメが実るからです。その結果、イネは、栽培をする私たちに都合のいい作物になっています。

＊ナスの花に徒花はないのか？

ナスは、タバコ、ジャガイモ、トマト、ピーマンなどの仲間の植物です。この植物では、古くから「親の意見とナスビの花には、千に一つの仇《あだ》がない」といわれます。

そのため、ナスでは、花が咲けば、確実に、実がなると思われがちです。ところが、実際に栽培していると、ナスにも「花が咲いても、実がならない」という悩みが生じます。

「短花柱花《たんかちゅうか》」とよばれる花が咲いた場合です。花柱はメシベの長さを決める部分で、これが短い花は「短花柱花」といわれます。メシベの先がよく伸びず、受粉ができにくいために、実がならないことが多いのです。

肥料が足らないことや、光や水の不足のために、光合成が十分にできないなどの理由によって、栄養不良になると、この花が咲きます。栄養が足らないので、実をつけないようにしているかのようです。

＊キュウリは、雌花だけで実をつくる！

キュウリは、中国では、「西方の胡《こ》の国から来た瓜」という意味で、「胡瓜」と書かれました。「唐瓜」との名称もあります。日本には、平安時代に伝えられたとされます。

この植物は、シュウカイドウの項（178ページ）で紹介した雌雄同株という性質をもっており、雄花と雌花が別々に同じ株に咲きます。この性質について、「別々に咲くことに、どんな意味があるのか」との疑問が浮かびます。

生き物が生殖行為をすることの意義は、個体数を増やすことだけではなく、いろいろな性質の個体（子孫）をつくることです。いろいろな性質の個体がいると、さまざまな環境の中で、どれかの個体が生き残り、その生物種は存続していくことができます。

いろいろな性質の子孫をつくる生殖の方法が、雄と雌に性が分かれ、オスとメスが合体することによって子どもをつくるやり方です。これを「有性生殖」といいます。

オスとメスが合体することによって、オスの個体のもつ性質とメスの個体のもつ性質が混ぜ合わされ、いろいろな性質をもつ子どもが生まれます。

雄花と雌花が別々の雌雄同株の植物では、同じ株の花粉がつくことはありますが、他の株の花粉がついて子孫をつくる可能性は高く、いろいろな性質の子孫が生まれます。

雌雄同株の植物たちは、有性生殖の意義をよくわきまえた植物といえます。

キュウリは、本来、このような性質をもつものです。しかし、家庭菜園などで栽培していると、雌花が咲けば、それを支えるように小さな実がついており、オシベの花粉がつかなくても、その実は成長し、食べられる大きさになります。

これは、花粉がつかなくても、実が大きくなるという「単為結果《たんいけっか》」あるいは、「単為結実《たんいけつじつ》」とよばれる性質です。花粉がついていないので、実の中にタネはできていませんが、食用としては、それで役に立ちます。

夏が旬のキュウリは、ほぼ一年中、市販されています。冬でも、温室やビニールハウスで栽培されているのです。ハチやチョウチョのいない、そのような環境の中で、実ができてくれるこの性質は、私たち人間にとっては、都合のいい性質であり、品種改良の過程で、キュウリが身につけた性質といえます。

ミョウガ

茗荷

［**科名**］ショウガ科［**原産地**］インドなどの熱帯アジア、日本や中国などの東アジア［**花言葉**］忍耐、報われない努力

＊赤い皮に包まれたツボミを食べる！

この植物は、江戸時代に日本からヨーロッパに紹介されたので、英語では、「ジャパニーズ・ジンジャー」とよばれます。ジンジャーは、ショウガのことですから、「日本のショウガ」という意味です。

また、英語では、日本名そのままに、「ミョウガ」とよばれることもあります。漢字では、「茗荷」と書かれます。学名は「ジンギベル　ミョウガ」で、「ジンギベル」はショウガ属であることを示し、サンスクリッド語で「水牛の角《つの》」を意味するといわれ、「オシベの形が角に似ている」とされたり、「塊茎《かいけい》が角に似ている」といわれたりします。「ミョウガ」は日本語の「ミョウガ」であり、和名が種小名にそのまま使われている、めずらしい植物の一つです。

ミョウガの食べる部分は、ツボミです。だから、「ミョウガの子」といわれます。「ミョウガの子」は、赤い皮に包まれています。その中には、白い花びらをもつ花のツボミが集まっています。地上にツボミが顔を出すと、多くの場合、花が咲く前に摘み取られてしまいます。この芽は、私たちの食用になります。そのため、「出ては採られるミョウガの子」といわれます。この言葉は、「芽が出ると採られる」ことを「目が出ると取られる」に洒落《しゃれ》て、「博打《ばくち》に負ける」ことを意味します。

＊食べ過ぎると物忘れがひどくなるのか？

ミョウガは、たいへん香り高く、素麺や冷奴の薬味によく使われます。香りのおもな成分は、「アルファーピネン」などです。あまりに香りが高く、刺激が強すぎるので、「子どもにあまり食べさせないように」といわれます。

「これを多く食べたら、物忘れがひどくなる」という言い伝えがあります。しかし、これを多く食べても、特に物忘れがひどくなる根拠はありません。この言い伝えは、刺激が強すぎるので、子どもがあまり食べないようにと、「親が言い出しはじめた」という説があります。

「なぜ、『茗荷』という字を書くのか」と不思議に思われます。これについては、古くから語り継がれてきた話があります。確かなものかはわかりかねますが、「茗荷」という字が当てられている理由については、なんとなく納得できる話なので、紹介しておきます。

「仏教を開いたお釈迦さんの弟子に、物忘れのひどいお坊さんがいました。そのお坊さんは自分の名前をすぐに忘れるので、自分の名前を書いた名札を首からかけさせられました。また、名が書かれたのぼりを背負わされたともいわれます。ところが、そのお坊さんは、そうまでしても、死ぬまで自分の名前を覚えませんでした。

そのお坊さんがなくなったあと、そのお墓に見知らぬ草が生えてきました。そこで、その草に、『自分の名前を荷《にな》って苦労したお坊さんの草』という意味で、『茗荷』という字を当て、『ミョウガ』と名づけられました」とのことです。

ですから、「これを食べたら、物忘れがひどくなる」という言い伝えは、このお坊さんと関係しているともいわれます。

ただ、「このお坊さんは、修行にたいへん熱心な人で、修行をすることに心を奪われて、自分の名前などに興味はなかったのだ」という、そのお坊さんを讃《たた》える話を聞いたことがあります。真偽のほどはよくわかりません。

第八章

時刻を知らせる植物たち

アサガオ

朝顔

[科名]ヒルガオ科**[別名]**シノノメグサ（東雲草）**[原産地]**アジア**[花言葉]**はかない恋、淡い恋、偉大なる友情、固い絆

＊すがすがしい「朝の誉れ」

この植物は、夏の朝に毎日規則正しく、すがすがしい花を咲かせます。英語名は、「ジャパニーズ・モーニング・グローリー」であり、「朝の誉《ほま》れ」とでも訳すような名がついています。

「なぜ、この植物に『ジャパニーズ』がわざわざつくのか」との疑問がもたれますが、古くから私たちの身近にあったアサガオは、アジア原産で、江戸時代に、日本で品種改良が行われたものです。

それに対し、この植物にはアメリカ原産のものがあり、近年、それらには「西洋」や「アメリカ」という語句がこの植物名について、ヘブンリーブルーやソライロアサガオという品種名でよく栽培されています。日本産のものは、七月ごろから花を咲かせはじめますが、これらの品種は、九月を過ぎてから咲きはじめます。咲きはじめは遅いですが、多くの場合、十一月下旬から十二月初旬まで咲き続けます。

＊長い夜を感じて、ツボミはできる

アサガオは、夜が長くなると、ツボミをつくる植物です。だから、自然の中では、夏至を過ぎて夜が長くなると、ツボミをつくります。「ほんとうに、夜の長さを感じてツボミをつくるのか」と疑問に思われるかもしれません。この疑問は、簡単な実験で確かめることができます。

アサガオの芽が出たばかりのふた葉の株を二鉢準備し、一日中、電灯で照明した場所で育てます。電灯をつけっぱなしの照明下では、長い夜がないので、いつまでもツボミはできません。そこで、ある日、一方だけに段ボール箱をかぶせて、夕方から朝まで長い暗黒を与えます。その後、再び両方とも、一日中、電灯で照明した場所で育てます。日が経つと、ただ一回、段ボール箱をかぶせられて長い夜の暗黒が与えられたほうだけに、ツボミができます。芽生えに段ボール箱をかぶせて夜の暗黒を与えても、その長さが短い場合には、ツボミはできません。だから、芽生えは、夜の暗黒を感じてその長さをはかり、ツボミをつくることがわかります。

＊ツボミは、どのように朝の訪れを知るのか？

アサガオのツボミは、夏の朝、明るくなるころに開きます。だから、「朝に明るくなるのを感じて、開く」と思われがちです。でも、そうではないのです。じつは、アサガオのツボミは、開花する前の日の夕方に太陽が沈んで暗くなりはじめると、時を刻みはじめ、約一〇時間後に開くのです。

「どうして、そんなことがわかるのか」という、疑問がおこります。このことが納得できる実験をするためには、翌朝に開花するツボミをもったアサガオの鉢植えをいくつか準備します。夕方から電灯照明をして、それぞれの鉢植えに暗黒を与えはじめる時刻を遅らせます。すると、暗黒を与えはじめる時刻が遅い鉢ほど、翌朝に、ツボミが開く時刻は遅くなります。

逆に、夕方早くから鉢植えを暗い部屋に入れ、何時間後に開くかを観察します。すると、早くに暗い部屋に入れれば入れるほど、翌朝の開花は早くなります。いずれの場合も、暗黒を与えはじめた時刻から約一〇時間後に開花します。

そのため、前日の夕方に早く暗くすれば、夏の朝早くにツボミを開かせることができます。自然の中では、秋がそれに当たります。秋には夕方早くに暗くなるので、ツボミは、そこから、約時間を刻みます。その場合、暗くなってから約一〇時間後が朝の三時ごろになります。だから、秋には、朝のまだ暗いうちに、花は開きます。実際には、アサガオのツボミは、朝の温度が低いほど、早く開きます。そのため、秋の開花は、さらに早くなり二時ごろになります。

＊なぜ、朝と夕方で花の色が変わるのか？

アサガオの赤い花の色も青い花の色も、「アントシアニン」という色素の色です。この色素は、色が容易に変わります。この性質は、簡単な実験で確認することができます。

花びらを水につけてしぼると、花びらの色が水に溶けだします。アントシアニンは、水よりお湯によく溶けだします。だから、花びらを水に浸して、その容器を電子レンジに入れて温めると、花びらの色はよく溶けでてきます。

溶けだしてきたアントシアニンの色がきれいな赤色であっても、少し青みがかった赤色であっても、料理に使う酢をこれに少し加えると、濃い赤紫色になります。また、濃い赤紫色になった液に、虫に刺されたときに塗るアンモニア水をポトッポトッとゆっくり落としながら、かき混ぜます。すると、アンモニア水が増えるにつれて、液の色は青みを帯び、緑色から黄色に変化します。

酢は酸性の液です。アンモニア水はアルカリ性の液です。アントシアニンには、「酸性の液に反応して濃い赤紫色になり、アルカリ性が強くなるにつれて、青色から緑色、黄色へと変色する」という性質があるのです。この性質が、一つの花の中で一日で見られることがあります。それが、「朝、青色の花が、夕方には、赤紫色になる」という現象なのです。花びらの中が、萎れるころには、酸性化しているのです。

マツバボタン
ポーチュラカ

松葉牡丹

マツバボタン

[**科名**] スベリヒユ科 [**原産地**] 南アメリカ [**花言葉**] 無邪気、可憐、親を思う気持ち

ポーチュラカ

[**科名**] スベリヒユ科 [**別名**] ハナスベリヒユ（花滑り莧）[**原産地**] 南アメリカ [**花言葉**] 無邪気

＊「乾燥」「強光」「高温」に負けない植物

マツバボタンの葉は、長さ一〜二センチメートルの肉厚で、見るからに乾燥に強そうです。葉っぱの形をマツの葉に見立て、花びら五枚の花をボタンの花にたとえて「マツバボタン（松葉牡丹）」の名になっています。

夏の朝早くには、ツボミは閉じていますが、一〇時ごろに、赤、白、黄色などの花がいっせいに開きます。一日花《いちにちばな》なので、夕方には、花は萎れます。でも、毎日、一株に多くの花が咲くので、花壇やプランターでよく栽培されます。

「ポーチュラカ」の名前で市販されている品種がありますが、「ポーチュラカ」はマツバボタンの属名です。ポーチュラカの葉は丸みがあり、マツの葉と似ているようには思えないので、マツバボタンといわず、「ポーチュラカ」という名前が使われています。

この植物によく似た姿の植物が道路や空き地に、地面を這うように育っています。花が咲けば、ポーチュラカのように大きくはなく、小さな黄色の花なので区別がつきます。これは、ポーチュラカのもとになった雑草で、スベリヒユです。乾燥に強く、強い太陽の光や高温にも負けずに育つ植物です。

マツバボタンもポーチュラカもこのスベリヒユの血を受け継いでおり、乾燥や強い光、高い温度に耐えて育つ植物です。「乾燥」「強光」「高温」に負けずに生きる植物なのです。

ポーチュラカは、ハナスベリヒユ（花滑り莧）という別名をもちます。ポーチュラカの学名は、「ポーチュラカ　オレラセア」で、ポーチュラカはスベリヒユ属を示し、オレラセアは「畑に栽培される」という意味であり、この学名は、「畑に栽培されるスベリヒユ」を意味します。

オシロイバナ

白粉花

［科名］オシロイバナ科［別名］ユウゲショウ（夕化粧）、メシタキバナ（飯炊き花）［原産地］熱帯アメリカ［花言葉］臆病、恋を疑う、しめやかな愛情

＊英語名は「フォー・オクロック」

この植物は、日本には、江戸時代に渡来しました。夏から秋に、数個ずつ集まって、花が咲きます。花はロウト形で、色は赤、白、黄色などがあります。

花が咲いたあとにできるタネは、黒い球形で硬いですが、中には白い粉がいっぱい含まれています。この粉は、昔、お化粧に使われた白粉《おしろい》に似ています。

この植物のツボミは、必ず夕方に開花します。英語名は「フォー・オクロック」で、四時にツボミが開く植物という意味です。日本では、夏の夕方六時ごろに花が開きます。

中国名で「スダジョン（四打鐘）」、和名では「ユウゲショウ（夕化粧）」と開花する時刻に由来する別名をもっています。また、「メシタキバナ（飯炊き花）」といわれ、この花が開くと、夕ご飯の準備をはじめるという意味です。

花が開いたとき、メシベはオシベより長く伸びだして、虫が他の株の花粉を運んできてくれるのを待っています。自分のオシベには目もくれていないように見えます。

しかし、花が萎れる前には、花の中でメシベとオシベが寄り添って合体します。もしそのときまでに花粉を運んでくれる虫が寄ってきてなかったら、これによってタネができます。この植物には、確実にタネをつくるための保険がかけられているのです。

この植物を栽培していると、花が咲いたあとには、ほぼ確実に、黒い五ミリメートルほどの球形のタネができます。このタネには、他の株に咲いた花の花粉がついてできたものがありますが、自分の花粉がついてできたものも混じっています。

ツキミソウ
オオマツヨイグサ

月見草

大待宵草

ツキミソウ

［科名］アカバナ科［原産地］北〜南アメリカ［花言葉］もの言わぬ恋

オオマツヨイグサ

［科名］アカバナ科［原産地］北アメリカ［花言葉］ほのかな恋、秘めた情熱、人の良さ、美人

＊ツボミは、太陽の沈むのを待っているのか？

ツキミソウは、夏に、名前のとおり、月を見るように、白色の花を開きます。「ツキミソウ」という名前は、北アメリカ原産の特定の植物を指しますが、オオマツヨイグサやアレチマツヨイグサなどを総称する名称として使われることもあります。

ツキミソウとよばれる植物のツボミは、日が沈んで暗くなると、それを待ちわびていたかのように、花開きます。このツボミは、太陽の沈むのをほんとうに待っているのでしょうか。

オオマツヨイグサのツボミについて調べられ、開花の準備は、前日の夕暮れとともに、二段階に分けて行われていることがわかっています。

最初の過程は、開花前日の夕方暗くなるとはじまり、約六時間で終了します。夏の自然条件下では、この過程は、暗くなりはじめる夕方七時ごろからスタートし、六時間後の夜中の一時ごろに完了します。

このあと、次の過程が始動し、暗黒のままだと一九時間で終了します。そのため、このままだと、夜中の一時から一九時間で終わるため、午後八時にツボミが開くことになります。

ところが、この一九時間中に光が当たると、この時間は短縮されます。自然条件下では朝の四時ごろに明るくなるため約二時間短縮され、夕方六時ごろに、この過程は終了します。

この過程が終わると、ツボミがいつでも開ける状態ですが、強い光がツボミに当たっていると、開花が阻害されます。そのため、夕方六時ごろに暗ければすぐに開花しますが、まだ明るい日には、太陽が沈み、暗くなるのを待って開花します。結局、晴れた日には、ツボミは夕方からじっと暗くなるのを待っているのです。

ゲッカビジン

月下美人

［科名］ サボテン科 **［原産地］** メキシコから南アメリカ **［花言葉］** ただ一度だけ会いたくて、ただ一度の恋

＊夜に咲く花を昼に咲かせる「陰の努力」

　この植物は、夏の夜の十時ごろ、甘い芳香を放ちながら誇らしげに、白い大きな花をゆっくりと広げます。満開になって数時間後には、はかなく、見守る人々に惜しまれながら萎んでしまいます。その風情が、「月下の美人」といわれる所以《ゆえん》です。

　白い大きな花から甘い芳香が漂うので、植物園などでは、これをぜひお客さんに見せたいのです。ところが、夜の十時ごろに開き、花の寿命が数時間なので、お客さんに見せられないのです。そのため、「植物園泣かせの花」といわれます。

　そこで、この花を昼間に開かせる方法が、工夫され、確立されています。この花は大きな花ですから、開花前のツボミも大きくなります。開花に向けて、日々、大きくなってくるのです。

　開花の三日前くらいのツボミは、かなり大きく膨らんでいます。このくらいのツボミを、昼は暗い部屋に入れるか、ダンボール箱をかぶせて、夜と勘違いさせるのです。一方、夜は蛍光灯の光を当てて、昼と勘違いさせるのです。

　つまり、開花の三日前から、昼と夜を逆転させると、開花当日には、ツボミは、午前中から午後二時ごろにかけて開花します。ですから、昼の明るいところで、ゲッカビジンの開花を楽しむことができます。

　植物園で、お昼に開花しているゲッカビジンを見られることがあったら、その裏で、植物園の方が、このような苦労をされていることを思い出してください。

コラム

花時計

　公園などで見かける「花時計」というと、花壇の上を時計の針がまわっています。しかし、本来の花時計は、そんなに味気ないものではありません。

　時計盤上の花壇のそれぞれの時刻の位置にその時刻に花咲く植物を植え、どの場所の花が開いているかを見て、時刻を知るものです。多くの植物が時刻を決めて花を開くという性質を象徴するものです。

　開花する時刻が決まっているツボミは、どんな刺激を感じて同じ時刻にいっせいに花開くのでしょうか。厳密に区別はできませんが、おもに三つの刺激に分けられます。

　一つは温度の変化で、チューリップの花がその代表です。二つ目は、朝に明るくなることが刺激となるもので、代表はタンポポの花です。三つ目は、夕方に暗くなることが刺激となるものであり、アサガオ、ツキミソウ、ゲッカビジンなどの開花です。これらのツボミは暗くなると時を刻みはじめ、ある一定の時間が経過すると、花が開きます。

　身近な植物を開花時刻の順に並べると、左の表のようになります。本物の花時計ができるかどうかは、努力しだいです。

時刻	植物名
4～6時	アサガオ
6～8時	ハイビスカス
8～10時	ホテイアオイ
10～12時	ポーチュラカ
12～14時	ゴジカ
14～15時	ヒツジグサ
15～16時	ハゼラン
16～18時	オシロイバナ
18～22時	オオマツヨイグサ
22～24時	ゲッカビジン

第九章

秋を魅せる樹木たち

キンモクセイ

金木犀

［**科名**］モクセイ科［**原産地**］中国［**花言葉**］謙遜、気高い人、志の高い人、変わらぬ魅力

＊強い香りで秋の訪れを告げる植物

キンモクセイの香りは、「秋の香り」といわれ、小さく黄金色の多くの花から漂う甘い香りは、秋の訪れを感じさせてくれます。ただ、秋の香りとはいいますが、秋の間中、香っているものではありません。地域によって香る時期はずれるでしょうが、私の住んでいる関西地方では、十月の上旬、香るのは一〇日間ほどだけです。

この植物の英語名は、その強い香りゆえに、「香るオリーブ」を意味する「フレグランス・オリーブ」です。香りが強いので、「九里離れた場所まで漂う」という意味で、この植物は、中国名で「九里香《キユウリコウ》」といわれます。ただ、日本の一里は約四キロメートルですが、中国の一里は約四〇〇～五〇〇メートルですから、約三六〇〇～四五〇〇メートルに花の香りが飛ぶという意味です。

この植物は、春のジンチョウゲ、初夏のクチナシとともに、強い香りを放つ「三大芳香花《ほうこうか》」です。ジンチョウゲは「七里香《シチリコウ》」といわれるので、昔の人々は、キンモクセイの花の香りは七里香よりも強いことを、感じていたのでしょう。

＊なぜ、近年はトイレ消臭剤に使われないのか？

この植物は、トイレのそばに植えられているといわれます。たとえば、公園の公衆トイレの横にキンモクセイがあります。「香りが強いからトイレの臭いを消すため」といわれます。でも、そんなことはないでしょう。キンモクセイの香りは、一〇日間ほど香るだけですから、トイレの横に植えておいてもトイレの臭いはごく短期間しか消すことはできません。

「トイレの消臭剤」には、この植物の香りが、長い間、使われてきました。この理由は、香りが強いから選ばれたのでしょう。でも、近年ほとんどが使われません。そのため、この香りは、トイレ消臭剤の〝元祖〟となってしまいました。「なぜ、元祖になってしまったのか」と不思議です。この香りは、汲み取り式トイレのイメージがあまりに強いので、「現在の水洗トイレにはふさわしくない」といわれています。

＊キンモクセイは、二度、花咲くのか？

秋に花咲くキンモクセイは、「花が二度咲く」といわれます。しかし、これは「キンモクセイの花が、秋以外の季節にもう一度咲く」といっているのではありません。

一般的には、キンモクセイは、十月上旬に一〇日間ほど花咲きます。ところが、原因は不明なのですが、その二週間ほど前に、あるいは、その二週間後にもう一度咲くという意味です。

たとえば、九月二三日ごろに一度咲き、次に十月一〇日ごろに咲くのです。しかも、二度咲くうちの一度は、目立つほうの開花に比べて、数分の一ぐらいの花の個数しか咲きません。だから、普通には目立ちません。

しかし、「二度咲く」といわれるキンモクセイが、意外と多いのも確かです。特に国の天然記念物に指定されているキンモクセイの大樹は、「二度咲く」といわれることが多いのです。

たとえば、東京都八王子市の「小野田のキンモクセイ」、熊本県上益城郡甲佐町麻生原《かみましきぐんこうさまちあそうばる》のキンモクセイ、静岡県三島市の三嶋《みしま》大社の樹齢一二〇〇年を超えるキンモクセイ、宮崎県延岡市北浦町古江《ふるえ》の樹齢三〇〇年の「古江のキンモクセイ」などです。

＊花は咲いてもタネはできない理由

キンモクセイは小さな黄金色の花をいっぱい咲かせますが、タネはできません。「なぜ、タネができないのか」との疑問がもたれます。

キンモクセイには、イチョウと同じように雄株と雌株があります。雄株と雌株は別々であっても、イチョウの雌株にギンナンができるように、キンモクセイの雌株にはタネができるはずです。ところが、日本には、キンモクセイの雌株がないのです。江戸時代に中国から日本にもたらされたのは雄株だけなのです。そのため、タネができないのです。

同じように、強い香りを漂わせるジンチョウゲも、タネをつくりません。キンモクセイとジンチョウゲには、花の香りを遠くへ飛ばすこと以外に、共通の性質がもう一つあるのです。

ジンチョウゲが、タネをつくらない理由は、キンモクセイと同じように、日本には雌株がないことです。印象深い甘い香りを発散させて春に花を咲かせているのは、すべて雄株なのです。キンモクセイとジンチョウゲには、奇妙な共通点があるのです。

＊どうやって増やすのか？

これらの植物にタネができないことを知ると、「タネがないのに、どうして増えたのか」という疑問が浮かびます。おもに「挿し木」で、人工的に増やされているのです。これもジンチョウゲと同じであり、キンモクセイも自然の中で自分で増えることのない木なのです。

キンモクセイは、黄金色の目立つ花をいっぱい咲かせ、昆虫を誘います。しかし、せっかく虫を引き寄せても、子孫（タネ）をつくれません。その花の寂しさが香りに乗って、私たちに秋の物悲しさを誘うのかもしれません。

イチョウ

鴨脚樹
公孫樹

[科名] イチョウ科 **[別名]** ギンナン（銀杏）、チチノキ（乳の木） **[原産地]** 中国 **[都道府県の木・花]** 東京都、神奈川県、大阪府 **[花言葉]** 荘厳、長寿、鎮魂

＊「生きている化石」とよばれる木

絶滅したと思われていた生き物が生きていることがわかると、「生きている化石」といわれます。イチョウはその代表的な一つです。

この植物は、「約二億年前に、中国で生まれ、一億年前に栄えていた」と考えられています。しかし、「その後に訪れる氷河期に、イチョウは絶滅した」と思われてきました。

ところが、江戸の元禄時代、長崎の出島（現在の長崎県）に来たドイツ人の医師ケンペルが、「日本に、イチョウの木がある」ことを発見しました。そのため、イチョウは、「氷河期を生き抜いた木」とされ、十九世紀、進化論で知られるチャールズ・ダーウインにより、「生きている化石」とよばれました。

氷河期を生きのびたイチョウは、平安時代に、中国から日本に渡来しました。「なぜ、日本名が『イチョウ』なのか」が気になります。江戸時代には、「イチョウ」という名前の語源は、一枚の葉っぱなので「一葉（イチヨウ）」といわれ、そのまま「イチョウ」となったといわれました。

しかし、現在は、「イチョウ」には、「鴨脚」、あるいは、「鴨脚樹」という漢字が書かれます。これは「イチョウ」とは読めませんが、「イチョウ」という名前はこれに由来しているのです。

「葉っぱの形がカモ（鴨）の脚に似ているので中国語で『鴨脚（ヤーチャオ）』といわれて、その音が、『イチョウ』と聞こえ、日本での名前は『イチョウ』となった」とされています。

また、イチョウは、「公孫樹」と表記されることがあります。「公」は長老や祖父の尊称などを意味し、「長老や祖父が植えた木が孫の代になって実る樹木」という意味が込められています。「老木にならないと、ギンナンが実らない」という性質に基づくもので、「モモ、クリ三年、カキ八年」にならって、「イチョウ三〇年」といわれることもあります。

この植物の学名は、「ギンクゴ　ビロバ」です。「ギンクゴ」はイチョウ属であることを示します。といっても、イチョウ科イチョウ属の植物はイチョウだけであり、この植物は一科一属一種なのです。これはめずらしく、ほかにはお茶に使われるトチュウが一科一属一種として知られます。

種小名《しゅしょうめい》の「ビロバ」は二つに分かれたとの意味を表し、葉っぱが二つに浅く裂けています。これが、イチョウの葉っぱの特徴的な姿です。ただ、多くの人は、この姿を見て、「二つに浅く裂けている」と感じて、そのように表現します。しかし、それでは、詩人にはなれないようです。十八〜十九世紀のドイツの詩人、ヨハン・ヴォルフガング・フォン・ゲーテは、「おまえはもともと　一枚の葉っぱで　自身を二つに裂いたのか？　それとも　二枚の葉っぱだったのに寄り添って　一つになったのか？」と、問いかけるように詩《うた》っています。一枚のイチョウの葉っぱを見て、このように発想し感じて詩うことができなければ、詩人になれないのでしょう。

＊秋の黄葉のしくみとは？

秋になると、イチョウの葉っぱはきれいに黄葉します。この黄葉の特徴は、個々の木の色づきの美しさが、場所によっても、年によっても、違わないことです。たとえば、「あそこのイチョウは色づきがよい」とか「あそこのイチョウは色づきがよくない」と、場所によって、色づきの美しさが見比べられることはありません。「あそこのイチョウ並木は美しい」といわれることはあります。しかし、これは、個々の木の葉っぱの色づきがよいということではなく、黄葉したイチョウの木が集まっているので、並木道が美しく見えるということです。

また、「今年のイチョウの色づきは美しい」とか、「今年はイチョウの色づきがよくない」などと、年による色づきの美しさの違いもいわれません。イチョウの黄葉は、場所によっても、年によっても、違わないのです。

その理由は、「葉っぱが黄葉するために、秋に黄色い色素がわざわざつくられるのではなく、すでにつくられていたものが目立ってくる」だけだからです。夏に、葉っぱが緑色のときに、黄色い色素がすでにつくられているのです。

緑色の色素は「クロロフィル」、黄色の色素は「カロテノイド」という名前です。クロロフィルの緑色は春からずっと葉っぱで目立ち、カロテノイドの黄色は、緑色の濃さに負けてしまい、存在していても目立ちません。

ところが、秋になって、気温が低くなると、緑色の色素は、葉っぱから消えていきます。すると、緑色のために目立たなかった黄色い色素が目立ってきて、葉っぱは黄色くなります。

気温の低下が早くおこる年には、緑の色素の消えるのが早く、黄葉が早めに訪れます。逆に、秋の気温の低下が遅い年には、緑の色素の消えるのが遅くなり、黄葉が遅れます。そのため、「今年の黄葉は早い」とか「今年の黄葉は遅い」といわれ、黄葉の訪れは年により違うのです。

しかし、冬が近づけば、気温は確実に下がります。ですから、緑色の色素は消え、隠れていた黄色の色素が目立ち、葉っぱは黄色になります。そのため、黄葉の美しさは、早い遅いはあっても、年や場所で、異ならないのです。

カエデ

楓

［科名］ カエデ科 **［原産地］** 北半球の温帯 **［都道府県の木・花］** 山梨県（カエデ）、滋賀県（モミジ）、広島県（モミジ）
［花言葉］ 大切な思い出、美しい変化、遠慮、調和

＊カエデの葉っぱの切れ込みは、いくつあるか？

北アルプスなどの高山では、きれいに黄葉するのはダケカンバであり、紅葉するのは、ナナカマドです。一方、私たちの身近で、秋にきれいに黄葉するのはイチョウですが、紅葉する代表はカエデです。

「カエデ」の語源は、あの葉っぱの姿です。よく「赤ちゃんの手」のような形容が使われます。しかし、昔の人はあの葉っぱの姿や形を「赤ちゃんの手」よりは「カエルの手」に見立てたのです。だから「蛙手（カエルデ）」を経て、「カエデ」となりました。

このように説明されると、葉っぱの切れ込みが四つあり、五列に葉っぱが分かれているような印象がもたれます。しかし、実際にカエデを見てみると、そうではありません。七列に分かれているものや、九列に分かれているものが多くあります。

＊カエデとモミジの関係は？

「カエデ」という名前は「蛙手（カエルデ）」に由来しているのですが、カエデを指すときに「モミジ」という語が使われ、逆に、「モミジ」という語が「カエデ」の木を指すように使われます。そのため、カエデとモミジという言葉の関係に疑問がもたれます。

これは、「紅葉」という語が「モミジ」と読まれることに由来します。葉っぱが赤味を帯びて紅葉する様子や姿を「紅葉づ（もみづ）」ということから、赤く色づいた葉は「モミジ」とよばれるようになりました。

赤く色づく葉を「モミジ」といえば、日本では「モミジ」の代表は「カエデ」です。ですから、「モミジ」という語が「カエデ」の木を指すようになり、「カエデ」を指すときにも「モミジ」という語が使われるようになったのです。

今では「カエデ」と「モミジ」の語に区別はなくなりなりました。「イロハカエデ」という植物名も「イロハモミジ」といわれ、こちらのほうが多くの人に使われるようになっています。

＊秋の紅葉のしくみとは？

カエデの葉っぱの色づき方は、イチョウの黄葉とは異なります。黄葉は、場所によって、年によって、違わないのに対し、紅葉は、場所ごとに、あるいは、年ごとに、異なります。

そのため、「今年の色づきはきれい」とか「昨年は色づきがよくなかった」などといわれます。また、「あそこのカエデがきれい」とか、「あそこのカエデは、色づきがよくない」のように、場所による違いもいわれます。紅葉の名所といわれるところであっても、色づきは、年によって、場所によって、違いがあるのです。

この理由は、葉っぱが紅葉するためには、「アントシアニン」という赤い色素が新たにつくられなければならないからです。また、きれいに紅葉するためには、葉っぱの緑色の色素である「クロロフィル」が消えねばなりません。

そのために、大切な条件があります。アントシアニンが多くつくられるためには、昼が暖かく、紫外線を多く含む太陽の光が強く当たることです。そして、クロロフィルが消えるためには、夜に冷えることです。

年によって、昼の暖かさと夜の冷え込み具合は異なります。そのため、年ごとに、色づきが「よい」とか「よくない」ということがおこります。だから、紅葉の色づきは、年ごとによって違いが生じるのです。

また、場所によっても、昼と夜の寒暖の差は異なります。太陽の光の当たり方も違うため、紫外線の当たり具合も、場所によって変わります。そのため、紅葉の色づきは、場所ごとにも異なってくるのです。

そのあと、色づいた紅葉がきれいな状態で長く維持されるためには、高い湿度が保たれることが望まれます。湿度が低いと、葉っぱがカラカラに乾燥し老化してしまうからです。紅葉というきれいな言葉で語られますが、紅葉とは、葉っぱが老化していく一つの過程なのです。

＊紅葉の条件を満たすのは？

「カエデの名所」といわれる場所の多くは、小高い山の中腹にある谷間の日当たりの良い斜面にあります。

このような場所では、昼と夜の寒暖の差がはっきりしており、空気がきれいに澄んでおり、紫外線がよく当たるからです。また、斜面の下の谷には水が流れており、霧がかかるように、高い湿度が保たれます。

「日本三大紅葉の里」といわれる、京都府の嵐山《あらしやま》、栃木県の日光、大分県の耶馬溪《やばけい》などは、これらの条件を満たした場所なのです。

家の庭や公園にある一本のカエデの木でも、太陽の光がよく当たり、夜に冷たい風が当たる高いところにある外側の葉っぱから、先に赤くなります。

紅葉の名所で、一面、真っ赤に染まったカエデを眺めるのもいいのですが、身近にある一本のカエデの木で、紅葉の色づき方を観察してみると、ここで紹介した紅葉のしくみは、よく理解できるはずです。

クリ

栗

［**科名**］ブナ科［**原産地**］日本、中国、アメリカ、ヨーロッパ［**花言葉**］公平

＊カスタネットは、クリの木からつくられた！

これはブナ科の植物で、雄花、雌花が同じ株に別々に咲く「雌雄同株《しゆうどうしゅ》」の樹木です。自分と同じ品種の花粉では受精しないため、果実をならせるには、違う品種の授粉樹が必要です。

この植物には、中国、アメリカ、ヨーロッパを原産地とするものがあるので、日本原産のものは、学名が「カスタニア　クレナタ」で、「クレナタ」は、葉っぱの縁がギザギザののこぎりのような状態を意味します。英語では、「ジャパニーズ・チエス（ツ）ナッツ」とよばれます。

属名の「カスタニア」は、ギリシャ語のクリを意味する「カスターナ」が語源です。この植物のスペイン語名が「カスターニャ」であり、楽器のカスタネットは、昔、この木からつくられたので、その名前に由来するとされます。

秋に果実が実りますが、これは、動物に食べられることから逃れるための守りの固い果実です。この果実のまわりには、動物に食べられないような鋭いトゲがあり、これは漢字で「毬《いが》」、あるいは、「梂《いが》」と書かれます。それを取り除くと、つやつやとした硬い「鬼皮《おにかわ》」とよばれる殻があり、その内側に「タンニン」という渋みをたっぷりと含んだ皮があります。

原始時代の日本では、「クリが栽培されていた」といわれます。古代の食糧の条件は、「簡単な調理で食べられること」「栽培しやすいこと」「保存できること」であり、クリはこれらの条件を満たしています。

また、数十年前には、クリの木が家の庭にあるのは、めずらしいことではありませんでした。あまり世話されているようには見えませんでしたが、秋には、多くの実がなっていました。「収穫量が多いこと」という条件にも合います。

ビワ

枇杷

[**科名**] バラ科 [**原産地**] 中国 [**花言葉**] 温和、治癒、あなたに打ち明ける密かな告白

＊ビワの花は、冬が近づくと咲く

この植物の学名は「エリオボトリア　ヤポニカ」で、「ヤポニカ」は「日本生まれの」という意味です。属名である「エリオボトリア」の「エリオ」は「やわらかい毛」を意味し、「ボトリア」は、「ブドウのように房状になる」という意味です。ですから、学名は、「やわらかい毛に包まれた実がブドウのように房状になる、日本生まれの植物」ということになります。いかにも日本生まれのようですが、原産地は中国とされます。

「ビワ」という名前は、実の形、あるいは葉の形が、日本古来の楽器、琵琶に似ているからといわれます。楕円の形の実を「ビワ」という説もあります。

日本では、奈良時代に栽培されていたようですが、当時の果実は、かなり小粒のものでした。現在のような大きさの果実になったのは、江戸時代に、中国で栽培されていたタネが長崎にもたらされたのがきっかけでした。これが、「茂《も》木《ぎ》」という品種で、「田中《たなか》」「長崎早生《ながさきわせ》」とともに、この果物の「三大品種」です。

ビワはウメやサクラと同じバラ科の植物なので、その花はウメやサクラと同じように、五枚の花びらと、中心部に多くのオシベをもっています。花は、本格的な冬の訪れを直前にした十一月ごろに咲きます。それを見て、地球温暖化が進行しているので、季節外れに咲いたと憂《うれ》う方が少なからずおられるでしょう。

しかし、ビワはもともと冬が近づくと花を咲かせる植物です。寒い冬が迫っているために虫の数は少ないのですが、ミツバチなどに花粉を運んでもらえば、実ができます。実は、春から初夏にかけて成長し、六月ごろには、おいしい果物となり、私たちを喜ばせてくれます。

第十章

秋を魅せる草花たち

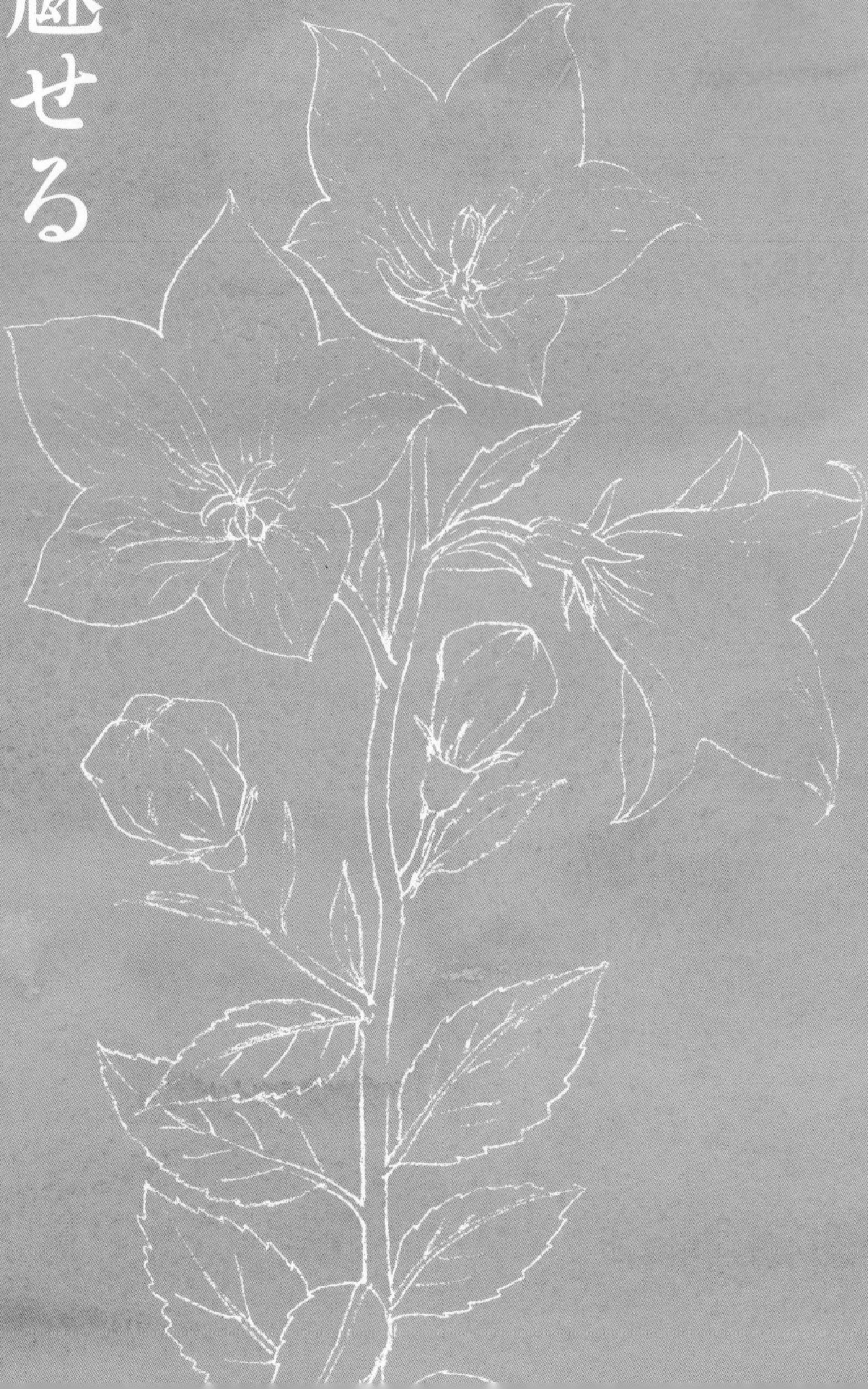

キク

菊

［科名］ キク科 **［別名］** ヨワイグサ（齢草）**［原産地］** 中国 **［都道府県の木・花］** 兵庫県（ノジギク）**［花言葉］** 高潔、うれしい夢、信頼

＊パスポートに描かれる、日本人の心の花

この植物は、奈良時代に、中国から日本に入り、栽培されてきた植物です。高潔な美しさと、気品と風格に満ちた様子を君子《くんし》にたとえられる「四君子《しくんし》」には、ウメ、タケ、ランとともに、この植物が選ばれています。

「キク」という名前は、特定の種類の植物を指すものではなく、キク科キク属の植物に使われます。栽培されるイエギクや、野に生えるノギクなどがあります。

キクは、多くの日本人にとって、白色や黄色、紅色の花を見ると心が和《なご》む、「心の花」です。特に黄色の花が印象的であり、属名の「クリサンテムム」は、ギリシャ語の「クリソス（黄金色）」と「アンテモン（花）」が語源であり、「黄金色の花」という意味になります。

この植物は、天皇および皇室の御紋であり、パスポートの表紙にも描かれています。天皇の御紋は、一六枚の花弁《かべん》をもつ十六弁八重《じゅうろくべんやえ》の花で、パスポートでは、同じ一六枚の花弁をもつ一六弁ですが八重ではありません（243ページ参照）。

五〇円硬貨の表にも、一六弁の花が描かれています。国会議員のバッジには、一一弁の花が描かれ、特許関係の仕事をする弁理士のバッジには、一六弁の花が図案化されています。

＊なぜ、『万葉集』に登場しないのか？

「日本人の心の花」ともいわれるキクの花が、『万葉集』にはほとんど詠まれていません。『万葉集』では、「キクを詠んだ歌は、一つも含まれていない」といわれたり、「日本在来のノジギクが一首あるだけ」といわれたりします。「なぜなのか」と不思議に思われます。

キクの花が『万葉集』に詠まれていない理由は、キクが原産地の中国から日本に来たのは、『万葉集』がすでに編纂《へんさん》されたあと、奈良時代の終わりだからです。そのため、平安時代に編纂された『古今和歌集』では、キクは多くの歌に詠まれています。

鎌倉時代になると、後鳥羽上皇により、キクは刀や衣服に紋章として使われました。キクの品種改良が進むのは、江戸時代です。正式に、天皇および皇室の紋章として定められるのは、明治時代になってからです。

＊なぜ、一年中咲いているのか？

キクの花は、日本では、お祝いごとがあっても不幸なことがあっても必要です。そのため、一年中、供給されなければなりません。

キクは、秋に夜が長くなってくると、ツボミをつくり、花を咲かせる植物です。しかし、一年中、花屋さんなどで売られています。これは、秋に夜が長くなると、キクがツボミをつくり花を咲かせるという性質を利用した栽培方法が行われているからです。

長い夜を与えなければ、ツボミはいつまでもできません。そこで、夜に電灯で照明をした温室で、夜の暗黒を与えずに栽培するのです。電灯で照明するので「電照《でんしょう》栽培」といわれます。

夜に電灯で照明されていると、ツボミはつくられず、背丈が高く成長します。そこで、花の出荷日が決まれば、その日にあわせて、ツボミがつくられるように、必要な長い夜を与えるのです。温室の電灯を消したり、夕方から黒いカーテンで温室を覆ったりするのです。すると、ツボミができ、やがて花が咲きます。

たとえば、お正月の飾りに使われるキクの

花を出荷するためには、品種にもよりますが、十一月中旬あたりまで、夜に電灯をつけたまま、温室で栽培します。そのあと、電灯を消して長い夜を与えると、お正月に間に合うように、大きなツボミになり、花が咲きます。

結局、電照栽培により、一年中、季節を越えて、キクの花は供給されているのです。

＊触られると、よく感じる植物

「栽培している植物に『元気で育ってね』と、やさしい励ましの声をかけて育てると、美しく大きくりっぱな花を咲かせるのですか」と、小学生の女の子に質問されたことがあります。

「誰から聞いたの」との問いかけへの答えは、「おかあさんから」とのことでした。「植物も生き物だから、やさしい気持ちで育てるように」との思いを込めて、おかあさんが子どもに言われたのでしょう。

でも、この質問に対する答えは、「やさしい励ましの声をかけて育てても、植物は普通の花しか咲かせません。たとえ、ひどい言葉をかけて育てても、植物は普通の花を咲かせます」というものです。

この答えは、質問した女の子のおかあさんの思いを否定し、踏みにじって裏切るようで、私にとって少し心苦しいものです。

でも、「やさしい言葉で励ますと、植物は美しく大きくりっぱな花を咲かせる」というのは、科学的ではありません。これは、俗説なのです。残念ながら、植物に、やさしい言葉は通じません。

しかし、実際に、自分の経験を根拠にして、「やさしい励ましの声をかけて育てると、植物は美しく大きくりっぱな花を咲かせる」という人がいます。そのような人たちは、声をかけながら、植物を撫《な》でたり触《さわ》ったりしているのです。植物たちは、言葉は理解できませんが、「触られる」と感じるのです。

触られるのを感じた植物では、触られていないものに比べて、茎が太くなり、伸びるのが遅くなって、背丈が低くなります。背丈を伸ばすための栄養が太くなるのに使われるので、太く短い茎になるのです。

この性質は、実験をして、容易に確かめることができます。たとえば、キクの苗が植えられた植木鉢を、二つ準備します。そして、一方のキクを撫でまわして触って育て、もう一方は、いっさい触りません。触るか触らないか以外は、まったく同じ条件で育てます。日が経つにつれて、撫でまわされない鉢植えのキクと比べて、撫でまわされて触られたキクの茎は伸びず、太く短くたくましい植物になります。キクは、触られると、よく感じる植物なのです。

この実験を花が咲くまで続けると、花の大きさに違いが出てきます。植物は、自分のからだで支えられる大きさの花を咲かせます。支えられない大きな花を咲かせると、倒れてしまうからです。

ですから、触られた植物は、茎が太く短くたくましくなっているので、大きくりっぱな花を咲かせます。それに対し、触られなかった植物は、茎が細く背丈が高くなっているので、大きくりっぱな花を支えられないので、自分で支えられる小さな花を咲かせます。

大きくりっぱな花は、美しく見えます。だから、「やさしい励ましの声をかけて育てると、植物は美しく大きくりっぱな花を咲かせる」と思われるのです。

これは、植物がやさしい言葉を聞きわけたわけではなく、撫でたり触ったりした結果なのです。

そのように説明したあとにも、「植物が触れることを感じ、きれいな美しい花を咲かせることはわかったが、ひょっとすると、やさしい言葉も理解するのではないのか」との疑念が残る人もいます。そんな人に「植物がやさしい言葉を理解していない」ことを納得してもらうには、簡単な実験で十分です。

毎日やさしい言葉をかけるのではなく、ひどい悪口を言いながら、あるいは、叱り飛ばしながら、触わりまくって育てるといいでしょう。やさしい言葉をかけながら触わりまくって育てたときと、同じきれいな美しい花が咲きます。

植物は、〝接触する〟という刺激を感じると、からだの中で「エチレン」という気体を発生させます。エチレンには、茎の伸びを抑えて、茎を太くする作用があるのです。

「触られると、茎が太く短くたくましくなる」という性質は、植物にとって大切なものです。

強い風にさらされても容易には倒れないような茎になることに役立ちます。茎が強い風にさらされることは、茎にとっては、触られることと同じです。また、道端にある植物が、通りすがりの動物と触れることで、倒れないようになるために茎を強くするのに役に立つのです。

また、この性質は、土に埋まったタネが発芽したあとにも活かされます。発芽した芽生えは、光の当たる地上へ出るために、上にかぶっている土を押しのけなければなりません。土を押しのけようと、芽生えが下から土を押すと、かぶさっている土が多ければ多いほど、茎は、強く〝接触〟を感じてますます強くなり、土を押しのけて、地上に出てくることができるのです。

アネモネ

シュウメイギク

秋明菊

[科名] キンポウゲ科 **[別名]** キブネギク(貴船菊) **[原産地]** 中国 **[花言葉]** 忍耐、薄れゆく愛、自然体

＊日本生まれのアネモネ

この植物は、古い時代から日本で栽培されています。そのため、日本が原産地のように思われがちですが、原産地は中国です。

シュウメイギク（秋明菊）の名前に「キク（菊）」という名がつくので、いかにもキク科の植物のようですが、キク科ではなく、キンポウゲ科の植物です。

キンポウゲ科のよく知られている植物には、アネモネがあり、シュウメイギクの姿や形は、アネモネに似ています。そのため、この植物の英語名は、「ジャパニーズ・アネモネ」です。学名は、「アネモネ　ヤポニカ」で、「日本生まれのアネモネ」という意味です。

この植物は、古く、京都市左京区鞍馬《くらま》にある貴船《きぶね》地域に野生化して群生しました。そのため、「キブネギク（貴船菊）」ともいわれます。

その地には、「雨乞《あまご》い」や「日乞《ひご》い」を祈る神としてあがめられる貴船神社があります。現在でも、その神社周辺では、秋に、もの寂しげな感じで、この植物は多くの花を咲かせます。

漢字では、一般的には、「秋明菊」ですが、「秋冥菊」と書かれ、冥途《めいど》の「冥」が使われることがあります。

この植物が日本に持ち込まれたときに、日本では見かけない花であったためか、ひどく寂しげな花であったためか、「亡くなった人が行く世界である冥土に、秋に咲く花」とされ、「秋冥菊」という字が当てられたといわれます。

花びらのように見えるのは、萼《がく》で、花びらは退化しています。この植物は、虫を誘いこむために、アジサイやオシロイバナと同じように、萼を花びらのように装い、花を大きく見せているのです。

コスモス

秋桜

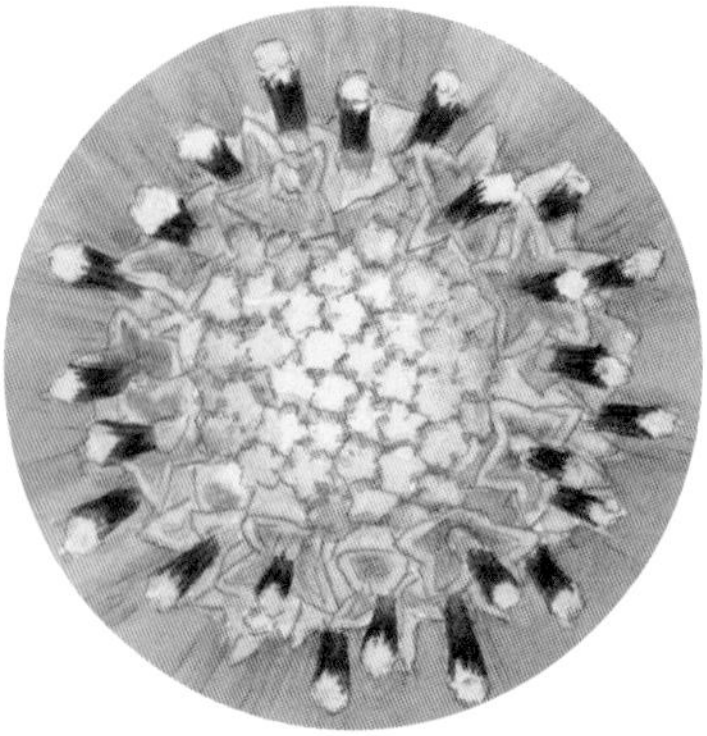

コスモスの花の中央部

[科名] キク科 **[別名]** アキザクラ（秋桜）、オオハルシャギク（大ハルシャ菊）**[原産地]** メキシコ **[花言葉]** 乙女の真心、調和（全般）、愛情（赤色）

＊なぜ、コスモスは秋に花を咲かせるのか？

この植物の花は、秋の訪れを告げるように、咲きはじめます。庭に育つ一株のコスモスが風に揺れながら花を咲かせる姿は、もの悲しく、秋の気配を感じさせてくれます。

何万本、何十万本のコスモスが植えられた高原に、ピンク、赤、白、黄、橙《だいだい》など色とりどりの花が咲きはじめると、本格的な秋の訪れを告げているようです。「なぜ、秋に花を咲かせるのか」という疑問が浮かびます。

秋は、コスモスにとって、花を咲かせるのにちょうどよい気温だからでしょうか。あるいは、暑い夏が終わったからでしょうか。あるいは、寒い冬が近づいてきているからでしょうか。この三つの中に、正解があるのですが、どれだと思われますか。

花が咲けば、タネができます。そのため、この疑問は、「なぜ、秋にタネをつくるのか」という疑問に置き換えられます。

タネの役割の一つは、植物の普通の姿では耐えられない、寒さや暑さなどの不都合な環境を耐え忍ぶことです。コスモスにとって、不都合な環境とは何でしょうか。コスモスは冬に枯れる、寒さに弱い植物です。だから、毎年訪れてくる不都合な環境とは、冬の寒さなのです。

そのため、コスモスは、冬の寒い期間をタネで過ごすために、秋に花を咲かせ、タネをつくります。コスモスが秋に花を咲かせる理由は、寒い冬が近づいてきているからなのです。

もしそうなら、すごく大きな疑問が浮かびます。「コスモスは、秋の間に、もうすぐ寒い冬がくることを知っているのか」というものです。

それに対する答えは、「はい、知っています」というのが答えです。それを知れば、次には、

「どうして知るのか」という疑問が浮かびます。その答えは、「葉っぱが、夜の長さをはかるから」です。その答えを知れば、次の疑問は、「夜の長さをはかったら、寒さの訪れが秋の間に前もってわかるのか」です。

それに対しては、「はい、わかります」が答えです。たとえば、夏を過ぎると、夜がどんどん長くなり、もっとも冬らしく長い夜は冬至の日で、十二月下旬です。一方、もっとも寒いのは二月です。

コスモスは夜の長さをはかって、冬の寒さの訪れを約二カ月、前もって知っているのです。これは、コスモスに限られた性質ではなく、秋に花を咲かせる草花に共通のものです。

*サクラの花びらは五枚、では、コスモスは？

コスモスは、「秋に咲くサクラのような花」という意味で、「秋桜」と書かれます。しかし、サクラの花ほど、コスモスの花はよく知られていません。たとえば、「サクラの花を描いてください」と言えば、上手か下手かは別にして、多くの人はサクラの花を描きます。

五枚の花びらを輪状に描き、サクラの花びらしく見せるために、それぞれの花びらの先端に、少し切れ込みを入れハート形のようにします。そうすれば、サクラの花の輪郭はできあがります。花の中央にメシベらしきものを描き、何本かのオシベらしきものを描き込めば、サクラの花らしくなります。実際には、サクラの花にはオシベの数は数十本あるので、オシベを多く描けば、ますますサクラの花らしくなります。

ところが、「コスモスの花を描いてください」と言えば、多くの人は躊躇《ちゅうちょ》します。なぜなら、まず、花びらの枚数が知られていません。

多くの場合、コスモスの花びらは八枚です。そこで、長い楕円形の花びらを花のように輪状に八枚並べます。ところが、これだけでは、コスモスの花らしい輪郭は浮かんできません。

コスモスの花びらの先端には、四つの細かい切れ込みがあるのです。四つでない場合もありますが、五枚の花びらがくっついて一枚になった名残《なごり》ですから、四つが基本です。花びらに四つの切れ込みを入れると、コスモスの花のように見えます。でも、まだ、何かが足りません。

コスモスの花の中央には、小さな筒のような花が集まっています。ヒマワリの項（168ページ）で紹介した「筒状花《とうじょうか》」です。ですから、コスモスの花の絵を完成させるには、中央に小さな丸を多く描き込めばよいのです。

コスモスで、花びらのように見えるのは、ヒマワリと同じ、「舌状花《ぜつじょうか》」とよばれるものです。コスモスは、多くの舌状花と筒状花とが集まって一つに見える花（「頭状花《とうじょうか》」とよばれる）を咲かせているのです。

コスモスを含めてキク科の植物は、小さい花をたくさん集めて大きく見える、「頭花《とうか》」あるいは「頭状花」といわれる花を咲かせます。普通には、これが「花」とよばれます。キク科の「頭状花」には、三つのタイプがあります。

一つ目は、タンポポの花がその代表で、舌状花だけでできています。タンポポでは、開いた黄色の花びらのように見える一枚が、一つの花なのです。花びらに見える一枚をつまみ出すと、オシベもメシベがきちんとついています。

二つ目は、ヒマワリやコスモスの花です。花のまわりには、舌のような花びらをもつ舌状花が並んでいます。花の中央には「筒状花」あるいは、「管状花《かんじょうか》」とよばれる花があります。

三つ目は、フキやアザミの花です。筒状花だけでできている頭状花です。これらの花には、花びらのように見えるものはありません。

＊コスモスと宇宙とのつながり

「コスモス」という語は、「秩序」と「調和」をもつ世界を意味し、「宇宙」を指します。それゆえ、「この植物と宇宙との間に、どんな関係があるのか」と、多くの人々が興味を抱きます。ところが、この疑問に、誰もが納得するような答えはなさそうです。そのため、勝手に、二つのつながりに、思いをめぐらすことになります。

コスモスの花では、まわりに花びらに見える八枚の舌状花が規則正しく並び、中央には数十個の筒状花が集まっています。「その秩序の正しさと、花としての調和のとれた姿は、宇宙の秩序と調和に相通じるものである」と感じても、唐突なものではありません。

これに加え、私の勝手な想像を聞いてもらえるなら、花の中央にある小さな筒状花の一つひとつに目を凝らして観察してください。これらは、筒状花、あるいは、管状花といわれるので、筒や管のように丸い姿であると思われがちです。

ところが、開く前の筒状花は、五角形の星型です。そして、開いた筒状花は、五角形の星が輝くような形に、花弁を広げています。目をすえてじっくり観察すれば、それぞれの花がきれいな星形に花弁を開いているのです。

これらの筒状花は、まわりの花がまず開き、日の経過とともに、徐々に中央のものが開きます。この星形の筒状花の開花を星の輝きに見立てれば、「花の中央には、星がいっぱいあり、次々と秩序正しく輝いていく」と感じられます。

コスモスという名前をつけた人は、ここに調和を感じ、花の中央に輝く星の姿を見たのではないでしょうか。それが「宇宙」につながったとしても、不思議ではないように思えます。

＊特徴的な葉っぱの形は、雨や風対策

コスモスの葉っぱの形は、たいへん特徴的です。葉っぱは、一枚に深い切れ込みが多くあり、広い部分はありません。「コスモスの葉っぱは、なぜ、こんな形をしているのか」と、疑問に思われます。

これに対し、「ほかの植物の葉より風通しがよく、原産地メキシコで強い風に吹かれても倒れにくい形である」といわれます。

たしかに深い切れ込みが多ければ、強い風や雨は避けられるでしょう。強い風や雨への対策が、葉っぱにこらされているのです。

＊「セプテンバー・バレンタインデー」とは？

「コスモスの日」は、九月一四日です。二月一四日が「バレンタインデー」です。この日に告白された愛を受けて、三月一四日が「ホワイトデー」で、この愛に応えます。それから、半年たった九月十四日は、その愛を確認しあう日です。赤いコスモスを添えて、贈り物を交換し、愛を確認する日なのです。赤いコスモスの花言葉は、「愛情」です。だから、九月一四日は、「セプテンバー・バレンタインデー」といわれます。

しかし、もう一つの説があります。「ホワイトデー」で愛を確認しあっているのですが、それから、半年が過ぎています。ですから、冷めてしまった愛もあるはずです。そんな場合、九月一四日は、「女性のほうから別れ話を切り出してもよい日」ともいわれます。

ハギ

萩

［**科名**］マメ科［**原産地**］日本を含む東アジア、北アメリカ［**花言葉**］内気な愛情、柔軟な精神

＊『万葉集』に一番多く詠まれている植物

この植物は、当時、人気の植物だったようです。『万葉集』に登場する植物は約一六〇種類といわれますが、もっとも多いのが、ハギなのです。ハギは、『万葉集』では、多くの場合、「芽子」という文字で表記されています。

「なぜ、この植物が一番多く詠まれているのか」との疑問が浮かびます。この大きな理由は、「『万葉集』の歌の選者であった大伴家持《おおとものやかもち》が好きな植物だったから、多く選ばれただけ」といわれます。そのように説明されると、根拠がよくわからないままに納得せざるを得ません。

でも、「この花は、当時、髪飾りとして使われ、身近な植物であった」ともいわれます。そのため、人気のあった花だったのでしょう。それを裏づけるように、ハギは、秋の七草の先頭に詠まれています。

この植物は、マメ科の植物です。マメ科の植物は、空気中にある窒素を窒素肥料に変える力をもつ根粒菌《こんりゅうきん》を根に住まわせます。そのため、この植物は、痩せた土地でもよく育ち、古くから日本各地にたくましく自生しています。

夏から秋に、上品な赤紫色（まれには、白色）のチョウチョのような姿の花を咲かせ、人々に親しまれ愛されてきたのです。

和名は、毎年新しい芽が生えることを意味する「生え芽（はえぎ）」という語から転じたといわれます。この和名に使われる漢字は、秋という季節を象徴する植物という意味を込めて、秋に草冠が使われます。

＊仲間にいる「盗人」とは？

「ハギ」は植物名ですが、厳密には、「ハギ」という名前の植物はありません。秋の七草に読まれるヤマハギ、紫紅色《しこうしょく》の美しい花を咲かせるミヤギノハギ、花の白いシラハギ、葉が丸いマルバハギなどの「ハギ」の仲間を総称して、「ハギ」といわれます。

この植物の仲間に、「ヌスビトハギ」があります。このハギは淡紅色《たんこうしょく》の小さいチョウチョ型の花を咲かせ、衣服にへばりつく実をつくります。実は半円状のものが二つ並んでおり、その印象が、「盗人《ぬすびと》がしのび足で、そーっと歩く足の形に似ている」とか、「盗人が爪先立ってしのび足で歩いた足跡に似ている」とかいわれ、名前の由来になっています。「この実は、人や動物に気づかれないうちにこっそりからだにつくので、盗人のようだ」という説もあります。

ヌスビトハギは、日本に自生している植物です。近年、半円状の節が三～六個並んだ実をつける「アレチヌスビトハギ」が加わり、ハギは

マイハギ

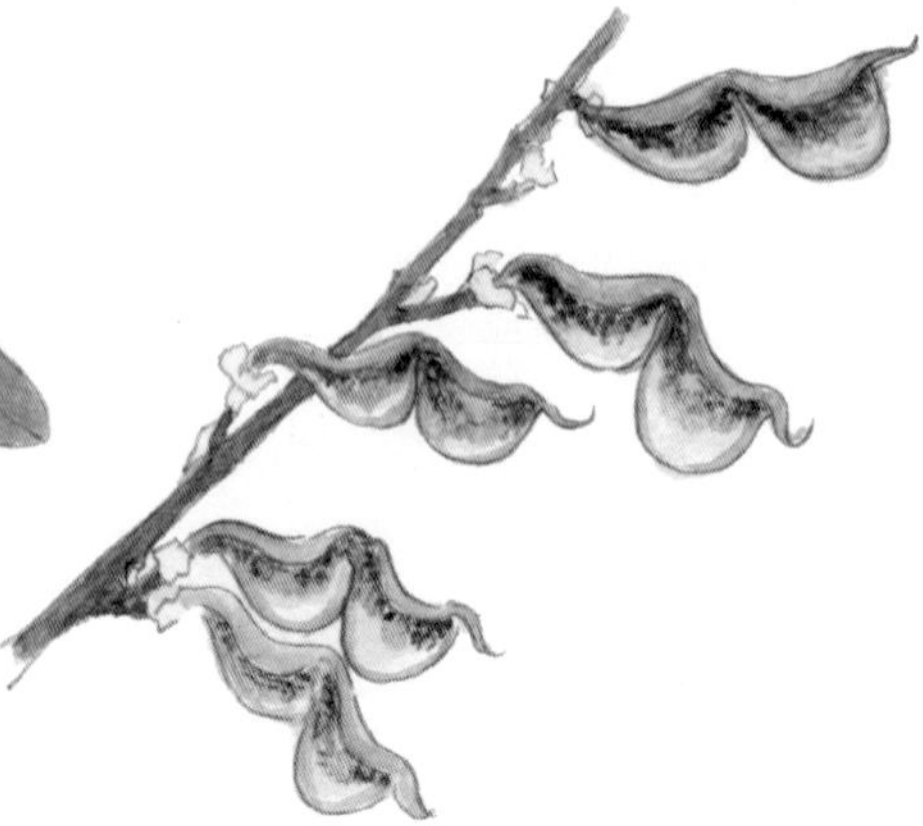

ヌスビトハギの実

「盗人」の仲間を増やしています。これは、北アメリカ原産の帰化植物です。

ハギの仲間に、「音に合わせて踊る植物」として知られる「マイハギ」があります。日本では、二〇〇〇年ごろから知られるようになった、インド原産の植物です。

春に暖かくなると、葉の先にある小さな葉っぱは、「音に反応してひらひら揺れる」といわれます。その様子が舞っているように見えるので、「マイハギ（舞萩）」といわれるのです。

葉は、三枚が一セットであり、中央の葉は垂れて、側葉《そくよう》の二枚が揺れます。小さな葉が小刻みに揺れる様子がツートントンと信号を送る姿にたとえられ、英名は、「テレグラフ・プランツ（電信機植物）」です。

マイハギは、音に反応して葉が揺れるとして知られる唯一の植物です。そのため、いろいろなイベントに展示されます。「踊る植物」というキャッチフレーズで、多くの人の興味が集まります。ところが、音を聞かせても期待どおりに踊りません。葉が音に反応して踊る映像があるので、踊るのは事実なのですが、私は、この葉が踊るのに出会ったことがありません。でも、その理由はわかるような気がします。

あるイベント会場で、マイハギの鉢植えを準備した人に聞くと、それは、一～二日前に会場に運び込まれているのです。イベント会場では、マイハギが育ってきた、光の強さや温度などの環境が違いすぎるのです。新しい環境に戸惑っているうちに、本番を迎えているのです。もう少し前に会場に運び込み、本番の前にその環境に慣れさせてやるべきです。そうしないと、「踊る植物」は踊らず、準備する人たちが「踊らされる」ことになるのです。

キキョウ

桔梗

[科名] キキョウ科 **[原産地]** 日本を含む東アジア **[花言葉]** 変わらぬ愛、誠実、従順

＊明智光秀の家紋となる花

キキョウは、夏から秋に青紫色の花を咲かせます。クズ、ハギ、ススキ、ナデシコ、オミナエシ、フジバカマとともに、この植物は「秋の七草」の一つとなっています（247ページ）。

花の色は、あまりにあざやかなので印象深く、「桔梗色」という名がついています。花の色がそのまま色を表す言葉に使われるのはそんなに多くなく、「桜色」「桃色」「山吹色」などであり、その中の一つとなっています。

花は、茎の先端に咲き、咲くまでは釣り鐘、あるいは、風船に見立てられるような姿をしています。この植物の英語名の「ベル（釣り鐘）・フラワー」、あるいは、「バルーン（風船）・フラワー」は、この姿にちなんでいます。

京都市東山区に、真言宗智山派の総本山である智積院《ちしゃくいん》があります。このお寺は「松に立葵図」「桜図」「楓図」などの植物の障壁画で有名ですが、このお寺の寺紋は、キキョウです。夏には、参道沿いに約七〇メートル、三〇〇〇株が、紫や白の花を咲き誇ります。

開いた花の形は、花びらの先が大きく五つに分かれて絵に描きやすい形をしています。そのためか、古来、家紋などに多く用いられてきています。明智光秀の家紋として有名です（243ページ参照）。

根は、ゴボウのように太く、「桔梗根《ききょうこん》」といわれて、痰《たん》を取り去るなどの効果がある漢方薬として使われます。

＊理想の相手は、別の花

キキョウでは、ツボミが開いたときには、花の中に、オシベとメシベの姿はありません。数日が経過すると、オシベが出てきて、黄色い花粉をたくさん出します。さらに、数日が経ち、黄色い花粉がなくなるころに、メシベが出てきて花粉が欲しいという姿を見せます。

メシベがそのように成熟した状態になったとき、まわりのオシベにあった花粉は、ハチやチョウチョなどに運ばれてしまって、すっかりなくなっています。そのため、同じ花の中で、オシベの花粉がメシベについて、子ども（タネ）ができることはないのです。

これは、オシベがメシベより先に熟しているので、「オシベ先熟《せんじゅく》」といいます。「オシベ先熟」では、自分の花粉が自分のメシベについて、子どもをつくらないようにしているのです。

ユキノシタ、ホウセンカなどが、この性質をもっており、自分の花粉が自分のメシベについて子どもができることを避けています。メシベは、別の株に咲く花の花粉が運ばれてくるのを待っているのです。

一つの花の中にオシベとメシベをもつ「両《りょう》性花《せいか》」という言葉からは、「一つの花の中のオシベの花粉がメシベについてタネをつくる」と思われがちです。でも、そうではないのです。「たとえ両性花であっても、一つの花の中のオシベとメシベが、お互いの接触を避けて、健全な子どもづくりを目指している」と理解するのがいいのです。

結局、植物が花粉をつくるのは、その花粉を別の株に咲く花につけるためです。また、植物がメシベをつくるのは、別の株に咲く花でつくられた花粉を受け取るためなのです。

そのため、両性花を咲かせる植物たちであっても、生殖の相手を求めて、ハチやチョウチョを誘う活動をしなければならないのです。私たちでいえば、〝婚活〟にあたるでしょうか。

コラム

花をあしらった紋章

「紋章」とは、家・氏族、その他の団体のしるしとして、代々伝わる図柄で、家紋、神紋・寺紋などとよばれています。

　花をモチーフにした紋章は、現在でも数多く使用されていますが、ここでは本文に登場する紋章を紹介します。

ウメ
星梅鉢紋
（北野天満宮など）

フジ
下がり藤紋
（本山西本願寺など）

キキョウ
桔梗紋
（明智光秀、智積院など）
※明智光秀は水色の紋を使用していたといわれる

キク
十六弁八重表菊紋
（天皇、皇室）

キク
十六弁一重表菊紋
（パスポートなど）

タチバナ
文化勲章

キリ
五三桐紋

キリ
五七桐紋

イラスト：梅本昇

ナデシコ
オミナエシ
フジバカマ

撫子
女郎花
藤袴

ナデシコ

［科名］ ナデシコ科 **［別名］** ヤマトナデシコ（大和撫子）、カワラナデシコ（河原撫子）**［原産地］** ヨーロッパ **［花言葉］** 純粋な愛、無邪気、大胆

オミナエシ

［科名］ オミナエシ科 **［別名］** オミナメシ（女郎花）**［原産地］** 日本を含む東アジア **［花言葉］** 約束、美人、はかない恋、親切

フジバカマ

［科名］ キク科 **［原産地］** 日本を含む東アジア **［花言葉］** ためらい、躊躇

＊ナデシコの英語名は、「ピンク」

「撫子」と書かれ、「撫でて育てるかわいい子のような花」という意味です。茎は直立して、葉は線形で、背丈は数十センチメートルになります。夏から秋まで、直径三〜五センチメートルの五枚の花びらからなる花を開きます。花は、淡紅色の印象が強いものです。

花びらの上端は、細く裂けています。最近は、裂け方が深い品種がつくられていますが、多くのナデシコの花びらの状態は、のこぎりの細かな歯のようにギザギザになっています。このようにギザギザに紙や布を切ることは、「ピンク(pink)」といわれます。また、このようにギザギザに切るための鋏《はさみ》は、ピンキング(pinking)鋏といわれます。

この「ピンク」という語になぞらえて、この植物の英語名は「ピンク(pink)」になったといわれます。こののち、ナデシコの花の色を「ピンク」とよぶようになったという説があります。

ヤマトナデシコ(大和撫子)という別名をもち、日本女性の美しさをたたえる名前をもらう植物です。カワラナデシコ(河原撫子)という別名もあるのですが、昔は河原に多く生えていたのかもしれません。秋の七草の一つに歌われる植物でもあります(247ページ参照)。

＊女郎花に対し、男郎花もいる！

オミナエシの原産地は、日本を含む東アジアです。夏から秋に、枝の先端に、黄色の花が多く集まって咲きます。その姿の美しさが、秋の七草に詠まれる理由と思われます。『万葉集』には、一四首に詠まれています。

漢字では、「女郎花」と書かれます。女郎《じょろう》は、遊女《ゆうじょ》と思われることが多いですが、身分の高い女性を指すともいわれます。

オミナエシに対し、オトコエシ（男郎花）という、同じオミナエシ科の植物があります。オミナエシより丈夫でたくましい感じがするので、オの名がつけられているようです。この植物の花は白い色であることが特徴です。

オトコエシ

＊絶滅が危惧されるフジバカマ

秋の七草に詠まれているので、名前はよく知られています。園芸店に行くと、フジバカマとして売られていることがありますが、ほんとうのフジバカマは絶滅が危惧されるほど数が減っています。多くの場合、フジバカマとサワヒヨドリの雑種で、沢フジバカマといわれます。

フジバカマは、夏から秋にかけて、房をなすように集まって、淡い紅色がかった紫色の小さな花を咲かせます。この花の色が、フジ（藤）の花に似ており、形が袴（はかま）に似ていることが、この植物名の由来です。

茎や花は乾燥すると、「クマリン」という物質の香りである桜餅の香りがします。そのため、古くは、日本や中国で、芳香剤として使われていたようです。

コラム

秋の七草

「秋の七草」は、奈良時代に編纂された『万葉集』に、万葉の歌人といわれる山上憶良《やまのうえのおくら》により、「秋の野に　咲きたる花を指《および》折《お》りかき数ふれば七種《くさ》の花」に続いて詠まれています。その歌が、「萩の花　尾花葛花《おばなくずばな》　撫子(瞿麦)の花　女郎花また藤袴　朝顔の花」です。萩はヤマハギ、尾花はススキ、朝顔はキキョウを指すといわれます。

後者のほうは、短歌の五・七・五・七・七から考えると、えらく字余りと思われるかもしれません。しかし、これは、五・七・七・五・七・七を繰り返す「旋頭歌《せどうか》」という和歌の一種であり、字余りではありません。

『万葉集』には、ハギが約一四〇首でもっとも多く、ススキ四六首、ナデシコ二六首、クズ一八首、オミナエシ一四首、詠まれています。

「秋の七草」は、眺めたり歌に詠まれたりする〝愛《め》でる植物〟ですが、「春の七草」には、七草粥に使われる食用の植物が選ばれています。「歴史的に、どちらが先に決まったのか」との素朴な疑問がもたれます。

「春の七草」は、四辻善成《よつつじよしなり》が室町時代に著わした、源氏物語の注釈書といわれる『河海《かかい》抄《しょう》』に「芹なづな　御形はこべら　仏の座　すずなすずしろ　これぞ七草」として、初めて紹介されています。

それに対し、「秋の七草」は、奈良時代に編纂された『万葉集』に詠まれています。ですから、「秋の七草」のほうが、春の七草より先に決まっていたことになります。

季節をいうときには、普通には、春、夏、秋、冬の順であるため、「春の七草」のほうが先のように思われがちですが、「秋の七草」のほうが先なのです。

第十一章

冬の寒さの中で花咲く植物たち

ツワブキ

石蕗

[科名] キク科 **[別名]** カントウ（款冬）**[原産地]** 日本、台湾 **[花言葉]** 愛よよみがえれ、謙譲、心づかい

＊日本原産の「葉に艶のあるフキ」

この植物の原産地は日本、台湾などです。そのため、学名は「ファルフギウム　ヤポニクス」であり、「ファルフギウム」はツワブキ属であることを示し、「ヤポニクス」は日本生まれであることを意味しています。

数十センチメートルほどの葉柄《ようへい》に大きな葉を展開する植物です。葉の表面は「クチクラ」という膜で覆われているので艶があり、その形がフキ（蕗）の葉に似ているため、「葉に艶のあるフキ」という意味で、「つやばぶき（艶葉蕗）」や「つやぶき」といわれ、ツワブキ（艶蕗）に転化しました。

また、葉が厚いので「あつばぶき（厚葉蕗）」といわれ、「あ」が飛び、「ツワブキ」になったともいわれます。斑《ふ》入りの観葉植物にも使われます。

秋から冬に、葉柄が伸びでている株のもとから、六〇センチメートルほどの花茎《かけい》が伸びだし、その先にあざやかな黄色の花を咲かせます。

花が咲けばキクの花に似ているので、キク科の植物であることは容易にわかります。花が咲いたあとにはタンポポのような綿毛が出ます。地下には、根茎《こんけい》が連なり、大きな株になります。

冬から春の若葉は食べられますが、「ピロリジジンアルカイド」という有毒な物質をもっており、有毒な物質は肝臓に悪いので、あく抜きだけはきちんとしなければなりません。

葉には「ヘキセナール」という抗菌物質が含まれているので、病害虫は少なく、江戸時代には切り傷、やけど、腫物などの薬に使われ、葉を日干しにした生薬《しょうやく》は、「槖吾《たくご》」とよばれます。

サザンカ

山茶花

［**科名**］ツバキ科［**別名**］
ヒメツバキ（姫椿）［**原産地**］
日本［**花言葉**］ひたむきに
愛します、和《なご》む心

＊童謡にも演歌にも歌われる植物

この植物の学名は、「カメリア　サザンカ」で、種小名《しゅしょうめい》の「サザンカ」は和名であり、「サザンカとよばれるツバキ属の植物」ということになります。英語名は和名と同じ、「サザンカ」です。

この植物は、寒い冬に、赤色や白色の花を咲かせるからか、子どもたちには、童謡の「たき火」に「さざんか　さざんか　さいたみち」と歌われ、口ずさまれます。

でも、大人になると、どんよりとした冬空を背景に、不倫愛のせつない心を象徴する花に変わり、大川栄策さんの演歌「さざんかの宿」に歌われます。

ツバキとサザンカの花は似ており、花びらの落ち方で区別することがよく知られています。「ツバキの花は、花びらがバラバラにならずに、花ごとポロリと落ちる」といわれ、「サザンカの花は、花びらがバラバラになって散る」といわれます。ところが、十二月から一月にかけて、ツバキによく似たサザンカのような花を見て、どちらかを判別しようとしても、ほとんどが花びらがバラバラと下に落ちています。だから、サザンカなのです。

十二月から一月までに咲いているのは、ほとんどがサザンカで、多くのツバキの花が咲きだすのは、二月ごろからです。だから、多くのツバキの花が咲くころには、ほとんどのサザンカの花はもう終わっています。

ツバキの種類は多いので、サザンカと同じころに咲くものがあれば、花びらの落ち方で二つを識別する方法は役に立つのでしょう。しかし、地域やその年の気温にもよりますが、花の咲く時期がかなり違っているので、この見分け方が役に立つ機会はそんなに多くないようです。

ツバキ

椿

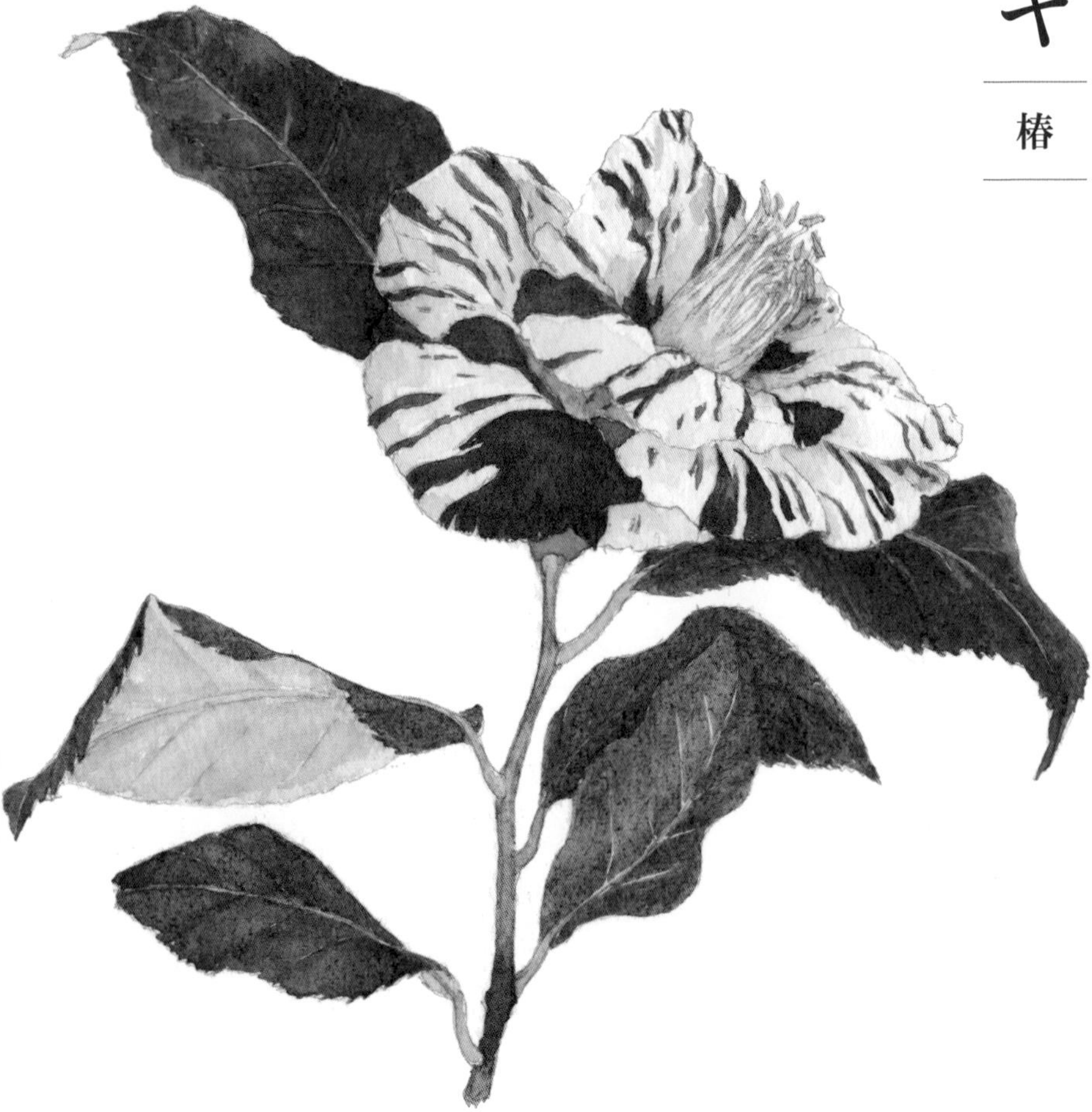

［科名］ ツバキ科 **［原産地］** 日本 **［都道府県の木・花］** 新潟県（ユキツバキ）、長崎県（ツバキ） **［花言葉］** 完全な愛、控えめなやさしさ

＊なぜ、ツバキの品種は多いのか？

この植物の学名は「カメリア　ヤポニカ」で、「カメリア」という語は、ツバキをヨーロッパに紹介した宣教師、ゲオルグ・ジョセフ・カメルの名前にちなみます。「ヤポニカ」とは「日本の」ということですから「日本生まれのツバキ属の植物」ということになります。英語では属名の「カメリア」でよばれます。バラが西洋の代表的な花木なら、ツバキは日本や中国を代表する花木です。

「ツバキ」という名前は、葉が厚いことが特徴の一つで、「あつはぎ（厚葉木）」といわれ、厚葉木の「あ」が落ちて「つばき」になったといわれます。あるいは、葉に艶があることから「つやはぎ（艶葉木）」といわれ、それが訛《なま》って「ツバキ」になったなどの説があります。

ツボミは、七〜八月に、春に伸びだした枝の先にできます。そのため、樹形を整えるために、秋に剪定《せんてい》すると冬に咲く花の数は減ります。花が咲きだすのは、二月から四月です。

ツバキの実からとった油は「椿油」ですが、英語名のカメリアをつけて、「カメリア・オイル」ともいわれます。カメリア・オイルの有名な産地である長崎県の五島列島には、野生のツバキが自生し、ツバキの実が多く収穫されます。

ツバキの花の色は、一般的には、赤、白、ピンクで、それらが一色か、組み合わされていま す。しかし、めずらしい黄色の花を咲かせる品種も知られています。

花には、オシベが多くあります。花粉を多くつくるためです。ツバキは、自分の花粉を同じ花の中にあるメシベにつけてタネをつくらないという性質があります。ですから、他の株の花のメシベに花粉をつけねばなりません。そのために、花粉は多いほうがいいと思われます。

ツバキの花は寒いときに咲くので、ハチやチョウチョに花粉の移動を託せないのではないかと心配になります。でも、ツバキは代表的な鳥媒花《ちょうばいか》ですから、ヒヨドリやメジロにより、花粉が運ばれます。

そのような繁殖をするので、ツバキの性質は株ごとに多種多様なものになります。品種改良もこの性質を利用して行われているので、品種の数も多くなります。

ツバキの品種が多いもう一つの原因は、「枝変わり」により新しい品種が生まれることです。「枝変わり」というのは、一種の突然変異です。茎や枝の先端にある芽で突然変異がおこり、そこから伸びた茎や枝がほかの部分と違った性質になるものです。

違う色の花や、花びらの枚数が違う花が咲く枝が見つかることがあります。もし見つけたら、挿し木や接《つ》ぎ木により、その性質をもつ個体を増やすことができます。

＊ツバキは、縁起のよくない花なのか？

この植物では、花びらが一枚一枚落ちず、花ごとポロリと落ちます。その姿から「首が落ちる打ち首を連想し、武士に嫌われた」といわれます。しかし、実際は、江戸時代に多くの品種が生み出されています。江戸時代につくられた「江戸ツバキ」とよばれるものは、多くあります。ですから、江戸時代の武士がほんとうにツバキを嫌ったかどうかは疑わしいかもしれません。江戸時代の武士にそんなに嫌われていたのではないでしょう。あるいは、首が落ちることのない、高位の武士や大名、公家《くげ》だけが、江戸時代に、この花を愛したのかもしれません。

「花ごとポロリと落ちる」性質は、「打ち首」のない現代でも、嫌われています。「ツバキの花を入院している人のお見舞いに持っていってはいけない」といわれます。命がポロリと落ちることを連想させるからでしょう。

また、競走馬の名前には、サクラチトセオー、タケシバオー、バンブービギン、ビワハヤヒデ、ウメノチカラ、ウメノフィーバー、ハギノハイグレイドなど、植物名を冠した競走馬の名前は多くあります。ところが、「ツバキ」の名がつく競走馬はあまりいません。「花ごとポロリと落ちる」が、落馬することを連想させるためです。

事実、一九六九年の日本ダービーの本命であったタカツバキが発走した直後に落馬しました。

第三六回東京優駿（日本ダービー）が東京競馬場で行われました。当日の馬場状態は「不良」でした。嶋田功《しまだいさお》騎手が騎乗するタカツバキが一番人気でした。しかし、多くのファンに本命に押された重圧を感じたのでしょうか、発走の直後に、嶋田騎手は落馬しました。こののち、ツバキという名をつけることが嫌われ、競走馬の名前に、ツバキはあまり使われなくなりました。

花の落ち方は嫌われますが、花そのものは多くの人に愛されています。古くから襖《ふすま》に描かれ、詩歌に詠まれ、茶花《ちゃばな》として用いられています。

また、慶事の花でもあります。椿寿《ちんじゅ》は、一〇一歳、一一〇歳、あるいは、一二〇歳の慶寿に使われています。一〇一歳と一一〇歳、一二〇歳では、えらく違いがあります。しかし、このような慶事がつくられた時代には、一〇一歳、一一〇歳、一二〇歳であろうと、どれでもよかったのでしょう。明治時代でも、平均寿命は四〇歳代だったのですから、一〇〇歳を超えることは、ありえない長寿だったのです。

チャ

茶

［科名］ツバキ科［原産地］中国［花言葉］向上心

＊三里戻っても飲む朝茶！

この植物の学名は、「カメリア　シネンシス」であり、種小名の「シネンシス」は「中国生まれ」を意味し、「中国生まれのツバキ属の植物」ということです。日本には、平安時代に、遣唐使によりもたらされました。この植物が花を咲かせるのは、あまり知られていませんが、この花は、ツバキ、サザンカとそっくりです。

この植物は、茶の原料であり、古くから、私たち日本人の健康を支えてきました。古くから、朝のお茶を口にせずに旅に出発したら、「三里、戻っても飲め」や「三里行っていても、帰って飲め」とかいわれました。「朝に、これを飲み忘れて旅に出てしまったら、三里くらいなら戻ってきて飲みなさい」という意味です。お茶には、殺菌作用があるので、旅先での水あたりや食あたりを防ぐ効果が知られていたのでしょう。

この植物には、「やぶきた」という一大品種があります。静岡市出身の杉山彦三郎氏によって発見され育成された、日本を代表する偉大な品種です。変わった名前なので、その由来に興味がもたれることがあります。

これは、「杉山氏が竹やぶを開墾した畑の北側から発見した」とか、「杉山氏がやぶを切り開いた畑の北側に移植した」とかいわれます。いずれも「藪の北」ということから、「やぶきた」という名前がつけられたということになります。

二〇一七年の調査では、全国で栽培されるこの植物の約七三パーセントがこの品種です。特に、お茶の産地として名高い静岡県では、この品種が九〇パーセント以上を占めています。

＊なぜ、時期によってお茶の味は変わるのか？

五月上旬に、市場に出まわる新茶は、二月上旬の立春から数えて、五月上旬の八十八夜に摘まれるチャの葉を材料としており、「一番茶」や「走り茶」ともいわれます。一年間の無病息災を願って、このお茶は、ありがたく飲まれます。

新茶のあとに摘まれるチャの葉が使われるのが、二番茶、三番茶とよばれるものです。「新茶は甘く旨みがあり、二番茶、三番茶は渋みや苦みがある」と表現されます。

これは、新茶のほうがいいとか、二番茶、三番茶のほうがいいかというような、価値の優劣をいうものではありません。

いわれるとおりに、新茶には甘く旨みがあります。その理由は、新茶は、チャの木が冬の寒さに耐えたあとに出てきた葉っぱが使われるからです。冬の寒さに耐えるために、チャの木は、葉っぱに糖分やビタミン、アミノ酸などを増やします。これらを増やせば、葉っぱが凍りにくくなるからです。

これは、チャの木に限った現象でありません。植物が冬の寒さに耐えて生きるためには、葉っぱが凍ってはいけません。そのため、植物は、冬に向かって、葉っぱや根の中に、凍らないための物質を増やします。それらが糖分やビタミン、アミノ酸などです。

この意味は、これらの物質を溶かした水と、溶かしていない水とで、どちらが凍りにくいかを考えれば、わかります。

たとえば、甘みをもたらす糖分の代表である砂糖を溶かしていない水と、砂糖を溶かした砂糖水とで、どちらが凍りにくいかを考えれば、砂糖水のほうが凍りにくいのです。溶けている砂糖の量が多くなれば多くなるほど、ますます凍りにくくなります。

水が凍って固体の氷に変わることは、「凝固する」と表現され、それが生じる温度が「凝固点」です。普通の水の場合なら、凝固点は0度です。ところが、水に糖分やビタミン、アミノ酸などの物質が溶けると、凝固点が低くなります。それが「凝固点降下」とよばれる現象です。

　葉っぱや根に含まれる水の中に多くの糖分などが溶け込めば溶け込むほど、その水分が凍る温度は低くなり、葉っぱや根は凍りにくくなるのです。冬の寒さを越えた野菜、たとえば、ダイコンやハクサイ、キャベツなどは、甘いとか旨みがあるといわれるのは、このためです。

　新茶には、冬の寒さを乗り越えるために葉っぱに蓄えられていたこれらの成分が多く含まれています。特に、お茶の甘み、旨みの成分であるといわれる「テアニン」が多く含まれているのです。そのため、新茶は甘く、旨みがあるのです。

　それに対し、二番茶や三番茶が摘み取られる時期は五月下旬以降です。その時期は太陽の光が強くなっているので、チャの木は、紫外線に負けないように抗酸化物質である「カテキン」や「タンニン」という物質の量を増やします。

　カテキンは、カキやクリの渋みの成分であるタンニンの一種なので、渋みを出す成分です。タンニンは緑茶の苦みを出すといわれる成分です。そのため、「二番茶、三番茶は渋みや苦みがある」といわれるのです。この渋みや苦みは、虫に食べられることからも、からだを守ります。

　チャの木は、寒さという逆境の中で、葉っぱの甘みを増し、魅力を高めます。また、季節の移り変わりに応じて、強くなる紫外線や、虫が活発に活動する時期という逆境に対し、カテキンやタンニンの量を増やして、抗《あらが》っているのです。

ポインセチア

[**科名**]トウダイグサ科[**別名**]ショウジョウボク（猩猩木）[**原産地**]北アメリカの南部のメキシコ辺り[**花言葉**]祝福、幸運を祈る、私の心は燃えている

＊草花ではなく、大きく育つ樹木

この植物の「ポインセチア」という名前は、メキシコに育っていたこの植物をアメリカに持ち込んだ、アメリカ合衆国の初代メキシコ公使であったジョエル・ロバーツ・ポインセットの名にちなんでいます。

この植物は、私たちの身近では鉢植えで栽培されます。しかし、暖かいところでは地面や花壇に植えられ、大きく育てば、背丈は数メートルにも達し、幹まわりも数十センチメートルにもなります。

草花のように扱われていますが、この植物は常緑の樹木なのです。沖縄県で、数メートルほどの背丈に大きく育っていることがあります。宮崎県の日南《にちなん》海岸には、約五万本が露地植えされており、毎年、十二月から一月、花が咲き誇っています。

＊クリスマスに、花が咲くための栽培方法は？

この植物は、「クリスマス・フラワー」とよばれ、クリスマスのころには、鉢植えで出まわります。寒い季節に、きれいな緑の葉っぱと、目立つ赤い花を咲かせています。

そのため、「本物の生きている植物ではなく、造花なのではないか」という、ちょっとよこしまな気持ちが浮かんできます。実際に花や葉っぱに触れてみて、その感触を確かめたくなる植物です。でも、手触りで分かるように、造花ではありません。

本物の花とわかると、「なぜ、寒い季節に、このようなきれいな花を咲かせているのか」との思いが浮かびます。この疑問は、少しは的を射ています。なぜなら、この植物は、本来、寒さに強い植物ではなく、「クリスマスのころに咲き誇る花」ではないのです。

ですから、「クリスマス・フラワー」といわれるためには、暖かい場所か温室で栽培されなければなりません。しかも、温室で栽培するだけでは、だめなのです。

この植物を赤く色づかせるためには、長い時間の夜が何日も与えられなければなりません。八月下旬か九月上旬から、夕方五時ごろから朝八時ごろまで、温室の中を夜のように暗くして、そのあと、朝から明るい光を当てるという処理を、五〇～六〇日間、繰り返します。

すると、十一月から十二月ごろに花が咲き、赤く色づきます。このように、長い夜を与える処理は、昼を短くするという意味で、「短日《たんじつ》処理」といわれます。

＊白い乳液の正体は？

この植物の茎や葉っぱを切ると、白い乳液が出ます。これは、この植物が虫や病原菌から身を守るために身につけている液で、「フォルボール」という有毒な成分を含んでいます。皮膚につくとかぶれることがあるので、注意しなければなりません。

ポインセチアの学名は「ユーフォルビア プルチェリマ」です。「プルチェリマ」は、「大変美しい」という意味で、この植物の印象を表します。

属名の「ユーフォルビア」は、ローマ時代の医師「エウフォルビス」にちなんでいます。真偽は不明ですが、この医師が、「白い乳液を解熱剤などに使っていた」とか、「白い乳液の有毒性を見出した」といわれます。

＊ポインセチアの花の色は黄色！

ポインセチアには、「大きな赤い花が咲く」

という印象があります。しかし、私たちがこの植物の「花」とよんでいる部分は、植物学的には、花ではありません。ほんとうの花は、赤色の花びらに取り囲まれるように中央にある小さな数個の黄色のツブツブです。だから、大きな花ではないのです。

花びらのように赤く色づいているのは、「苞《ほう》」とよばれるものです。苞とは、本来は、花の下のほうにつく小さな葉っぱです。

この植物は、ハチやチョウチョに目立つように苞を大きくして花粉を運んでもらい、タネ（子孫）を残そうとしているのです。その巧みな生き方に、「ほう（苞）！」と感心してください。

この植物では、苞が花びらのように目立っているのです。苞を目立たせる植物は、そんなにめずらしくはありません。

すでに紹介してきたように、春のハナミズキ（72ページ）、夏のドクダミなどです。そのほかには、ミズバショウは白い花を咲かせますが、白い花びらに見えるのは、苞です。また、ブーゲンビリアの派手な色の花びらに見えるのは、やっぱり、苞なのです。

＊中国では、「猩猩木」

この植物は、中国では、大酒飲みで赤い顔をして紅色の長い毛をもつ「猩猩《ショウジョウ》」という動物に似ていることにちなんで、「猩猩木《ショウジョウボク》」とよばれることがあります。苞が赤く色づくことが印象的だからでしょう。

「猩猩」とはどんな動物だろうと思われるでしょうが、これは実在しない生き物です。この植物を見て適当に想像してください。

シクラメン

［**科名**］サクラソウ科［**別名**］カガリビバナ（篝火花）、ブタノマンジュウ（豚の饅頭）
［**原産地**］地中海沿岸地方［**花言葉**］内気、はにかみ

＊花の姿は、まるで「かがり火」

クリスマスやお正月が近づくと、あちこちの園芸店や花屋さんの店頭に、シクラメンの鉢植えが並びます。「クリスマス・フラワー」とよばれるポインセチアのあと、建物や室内に飾られます。この花は「鉢植えの王様」といわれ、花の色は、赤を代表に、白、ピンクなど色とりどりです。

また、咲いている期間が長く、お正月を過ぎても、寒さを忘れさせるように冬を明るく飾る花なので「冬の花の女王」とよばれることもあります。

この植物の花びらは、五枚あります。そのすべてが下から上に向かって反《そ》り返って伸びています。そのような真っ赤な花びらの姿は、まるでかがり火が燃え上がる炎のように見えます。そのため、この植物の別名は、「カガリビバナ（篝火花）」なのです。

ということは、この植物の花は、すべての花がうつむいて咲いていることになります。この植物の花をよく見ると、葉の中から上に伸びだした花茎は花の下で一八〇度屈曲し、花は下向きに咲いているのです。

そのため、上から花の中心を見ようとしても、メシベやオシベを見ることはできません。上から見ると、花の後ろ姿と反り返って上に伸びている花びらが見えるだけです。

「なぜ、花が下を向いて咲くのか」と不思議がられます。その理由について、「この植物の原産地である地中海沿岸地方では、この植物の花が咲く冬には、雨が多く降ります。そのため、花が上向きに咲いていると、雨が花の中にたまり、花粉が雨に濡れて受粉できなくなってしまいます。そのため、花は下を向いて咲くのです」

と説明されます。

そう言われると、この花だけでなく、ホタルブクロ、アセビなど、雨がたまりそうな花は、下向きに咲くものが多いのです。

一方、上向きに花を咲かせる植物の多くは、雨が降っているときには、花を閉じているものが多いのです。カタバミ、ムラサキカタバミ、マツバボタン、チューリップなどです。いずれも、花の中に水がたまるのを避けているのです。

＊葉っぱの数だけ、花が咲く

シクラメンでは、多くの花が次々に咲きます。ツボミは葉のつけ根にでき、一枚の葉に一つのツボミがつくられます。そのため、この植物は「葉の枚数と同じ個数の花が咲く」といわれます。

ということは、多くの花を楽しみたければ、葉の枚数の多い鉢植えを買ってくればいいことになります。また、多くの葉を出すように元気よく育てれば、多くの花を咲かせることができます。

本来、植物では、葉っぱのつけ根に、芽があります。ツボミは芽につくられます。ですから、葉っぱの枚数の数だけ、ツボミがつくられ、花が咲くのは、理屈的にはあり得るのです。

でも、多くの植物では、すべての芽がツボミになり、花咲くことはありません。シクラメンでは、この性質が強いので、「葉っぱの数だけ、花が咲く」といわれるのです。

シクラメンには、地中に、大きな球根がつくられています。この球根の形にちなんで、この植物には、もう一つの別名があります。「ブタノマンジュウ（豚の饅頭）」です。

花の姿からつけられている「カガリビバナ」に対し、いかにもひどい名前ですが、根が丸く大きく肥大しているので、その姿から「豚の饅頭」とよばれるのです。

この植物の英語名は「雌豚のパン（sow bread)」であり、これも球根の姿に由来すると思われますが、「実際に、野生のブタがこの球根を食べる」ともいわれます。

一般的には、夏には、葉をつくらなくなり、花を咲かせなくなります。この状態は、〝休眠〟といわれます。ところが、元気のよい球根をもつ株は、たっぷり蓄えられている栄養を使って、夏になっても、葉をつくり出し、花を咲かせるのです。

＊ヒット曲から生まれた、香りのする品種

約四〇年前、歌手の布施明さんが歌った「シクラメンのかほり」という曲が大ヒットしました。

「真綿色したシクラメンほど清《すが》しいものはない」「うす紅色のシクラメンほどまぶしいものはない」「うす紫色のシクラメンほど淋しいものはない」のように、この花は歌われました。「シクラメンのかほり」という響きのよい言葉に誘われて、多くの人が、「どんな香りだろう」と、花に鼻を近づけました。

ところが、そのころ、シクラメンの花に、香りはなかったのです。原種の花には香りがあったのですが、品種改良が重ねられるうちに香りをなくしてしまったのです。

でも、この曲が大ヒットしたので、香りのあるシクラメンをつくろうという努力がなされ、現在では、花に香りのあるシクラメンがつくりだされています。

参考文献

・木村陽二郎監修／植物文化研究会編集『図説　花と樹の大事典』柏書房　一九九六
・日外アソシエーツ編集『植物別名辞典』日外アソシエーツ　二〇一六
・瀧本敦『花ごよみ花時計』中央公論社　一九七九
・徳島康之監修『新装版　誕生花と幸せの花言葉３６６日』主婦の友社　二〇一六
・国吉純監修『想いを贈る花言葉』ナツメ社　二〇一〇
・WRITES PUBLISHING 編集『心がきれいになる３６５日誕生花と名言』ライツ社　二〇一七
・チルの工房　http://chills-lab.com/flower/　（花言葉と誕生花）
・林野庁ホームページ　http://www.rinya.maff.go.jp/kids/study/faq/bird.html　（こども森林館：ちえの森）
・A.W.Galston, *Life processes of plants*, Scientific American Library 1994
・P.F.Wareing & I.D.J.Phillips／古谷雅樹監訳『植物の成長と分化〈上・下〉』学会出版センター　一九八三
・田中修『緑のつぶやき』青山社　一九九八
・田中修『つぼみたちの生涯』中公新書　二〇〇〇
・田中修『ふしぎの植物学』中公新書　二〇〇三
・田中修『クイズ植物入門』講談社ブルーバックス　二〇〇五
・田中修『入門たのしい植物学』講談社ブルーバックス　二〇〇七
・田中修『雑草のはなし』中公新書　二〇〇七
・田中修『葉っぱのふしぎ』ＳＢクリエイティブ　サイエンス・アイ新書　二〇〇八
・田中修『都会の花と木』中公新書　二〇〇九
・田中修『花のふしぎ１００』ＳＢクリエイティブ　サイエンス・アイ新書　二〇〇九
・田中修『植物はすごい』中公新書　二〇一二
・田中修『タネのふしぎ』ＳＢクリエイティブ　サイエンス・アイ新書　二〇一二
・田中修『フルーツひとつばなし』講談社現代新書　二〇一三
・田中修『植物のあっぱれな生き方』幻冬舎新書　二〇一三
・田中修『植物は命がけ』中公文庫　二〇一四
・田中修『植物は人類最強の相棒である』ＰＨＰ新書　二〇一四
・田中修『植物の不思議なパワー』ＮＨＫ出版　二〇一五
・田中修『植物はすごい　七不思議篇』中公新書　二〇一五
・田中修『植物学「超」入門』ＳＢクリエイティブ　サイエンス・アイ新書　二〇一六
・田中修『ありがたい植物』幻冬舎新書　二〇一六
・田中修『植物のかしこい生き方』SB新書　二〇一八
・田中修『植物のひみつ』中公新書　二〇一八
・田中修『植物の生きる「しくみ」にまつわる６６題』ＳＢクリエイティブ　サイエンス・アイ新書　二〇一九
・田中修『植物はおいしい』ちくま新書　二〇一九
・田中修監修／ＡＢＣラジオ「おはようパーソナリティ道上洋三です」編『花と緑のふしぎ』神戸新聞総合出版センター　二〇〇八

ＪＡＳＲＡＣ出１９１４１０３-９０１

著　者

田中　修（たなか・おさむ）

甲南大学特別客員教授／名誉教授。1947年（昭和22）京都市に生まれる。京都大学農学部卒業、同大学院博士課程修了。スミソニアン研究所（アメリカ）博士研究員などを経て、甲南大学理工学部教授を務め、現職。農学博士、専門は、植物生理学。主な著書に『ふしぎの植物学』『雑草のはなし』『植物はすごい』『植物のひみつ』（中公新書）、『入門たのしい植物学』（講談社ブルーバックス）、『フルーツひとつばなし』（講談社現代新書）、『ありがたい植物』（幻冬舎新書）、『植物のかしこい生き方』（SB新書）、『植物の生きる「しくみ」にまつわる66題』（サイエンス・アイ新書）、『植物はおいしい』（ちくま新書）ほか多数。

絵

朝生ゆりこ（あそう・ゆりこ）

イラストレーター、グラフィックデザイナー。東京藝術大学美術学部油画科卒。雑誌、書籍のイラスト、挿画などを多く手がける。

日本《にほん》の花《はな》を愛《いと》おしむ
——令和《れいわ》の四季《しき》の楽《たの》しみ方《かた》

2020年1月25日　初版発行

著　者　田《た》中《なか》　修《おさむ》

絵　　　朝生《あそう》ゆりこ

発行者　松田陽三

発行所　中央公論新社

〒100-8152　東京都千代田区大手町1-7-1
電話　販売 03-5299-1730　編集 03-5299-1740
URL http://www.chuko.co.jp/

印　刷　大日本印刷
製　本　小泉製本

Published by CHUOKORON-SHINSHA, INC.
Printed in Japan　ISBN978-4-12-005264-4 C0076

●田中修好評既刊

中公新書

ふしぎの植物学
身近な緑の知恵と仕事

雑草のはなし
見つけ方、たのしみ方

植物はすごい
生き残りをかけたしくみと工夫

植物はすごい
七不思議篇

植物のひみつ
身近なみどりの〝すごい〟能力